Alexja Neumann

Die wunderbare Reise
zu sich selbst —

Wie ich mich endlich liebe!

Bibliografische Information der Deutschen Bibliothek
Die Deutsche Bibliothek führt diesen Titel in der Deutschen
Nationalbibliothek. Weitere detaillierte bibliografische Informationen
finden Sie auch im Internet unter:
http://dnb.ddb.de

2. Auflage 2013

© Alexja Neumann, Arnstein
Umschlaggestaltung: Stefanie Glücker

ISBN 978-3-930403-64-6
www.siva-natara-verlag.de

ALEXJA NEUMANN

DIE WUNDERBARE REISE
ZU SICH SELBST –

WIE ICH MICH ENDLICH LIEBE!

Edition Sonnenklar

Haftungsausschluss:

Die in diesem Buch enthaltenen Informationen und Ratschläge wurden von der Autorin sorgfältig recherchiert und geprüft. Eine Garantie kann dennoch nicht übernommen werden. Die Informationen und Ratschläge sind außerdem nicht dazu gedacht, die Beratung durch einen Arzt oder Therapeuten zu ersetzen, sofern dies angezeigt ist. Unter keinen Umständen sind der Autor, der Herausgeber oder der Verlag für irgendwelche Schäden oder Verluste haftbar, die dem Leser dadurch entstehen könnten, dass er sich ausschließlich auf Informationen in diesem Buch verlässt. Eine Haftung des Autors, Herausgebers oder Verlag ist ausgeschlossen.

Inhaltsverzeichnis

1. Einführung

Wissen Sie, wie es sich anfühlt, wenn es einem Menschen das Herz zerreißt? Wenn man vor Traurigkeit nicht mehr glaubt, dass es ein Morgen gibt? Wenn Hoffnung nur ein leeres Wort ist? Wenn das eigene Leben nichts mehr wert ist? Wenn die Verzweiflung einen übermannt und einem das Herz sprengt? Wenn man nicht einmal mehr in den Spiegel blicken kann und sich einfach nur hasst? Wenn einem die irrationalen Gedanken ins Bewusstsein schießen: „Das wäre alles nicht passiert, wenn ich nur hübscher, schlanker, intelligenter, witziger und jünger wäre."

Erst ist dieses Kältegefühl da, der Unglaube, die Ohnmacht. Dann der Schmerz, der alle Lichter in einem auslöscht. Dem folgen die Verzweiflung, das Leugnen, das Selbstablehnen und der Hass sich selbst gegenüber. Erst dann endlich folgt das erlösende Meer der Tränen.

Heiße Tränen, die wie Bäche über das Gesicht laufen, die Wimperntusche auflösen und Flecken auf dem Oberteil hinterlassen. Ein Schluchzen ertönt, das kaum gestattet, Luft zu holen. Die Nase tropft fast so schnell wie die Tränen, und das Taschentuch fehlt.

Verdammter Mist, wo sind nur die verflixten Taschentücher?

Die Einsamkeit überkommt mich. Kein Wunder, dass mich keiner liebt. Wenn ich nur schlanker wäre, dann wäre ich nicht alleine. Wenn ich nur erfolgreicher wäre, dann hätte ich viele Freunde. Wenn ich nur hübscher wäre, dann hätte ich eine super Arbeit. Wenn ich nur jünger wäre, dann würden sich alle um mich reißen, ja wenn ...

Kennen Sie dieses Gefühl der Sehnsucht, jemand anderes sein zu wollen? Die Selbstablehnung und das „Nein" – „Ja"?
Dann wünsche ich Ihnen viel Spaß beim Lesen und Ihrer Reise zu sich selbst.

Öffnen Sie Ihr Herz, denn ich verrate Ihnen in diesem Buch meine Geheimnisse oder mein Rezept, sich endlich selbst so zu lieben, wie Sie in diesem Moment sind. Auf Ihre eigene Weise perfekt und einzigartig und sich so wie Sie sind anzu-erkennen, sich selbst zu mögen, sich zu respektieren und wirklich gerne in den stillen Momenten mit sich selbst zusam-men zu sein.

Die wichtigste Erkenntnis für mich auf meinem Weg zur Selbstliebe ist, egal wie viel wir wiegen, wie alt oder jung wir sind, wie erfolgreich oder erfolglos – wir müssen uns selbst annehmen und lieben, das ist unser Fundament, dann fließt alle Energie. Diese ist immer vorhanden, nur wir selbst schnei-den uns von ihr ab. Wenn die Energie fließt, weil wir uns lie-ben, dann sind wir lebendig und meistern mit Leichtigkeit und Freude unseren Lebensweg.
Wenn wir uns lieben, ist es das Ende von Vergleichen und Bewerten – ein großes Ziel. Doch gemeinsam schaffen wir das.

Wie immer Sie denken oder was Sie glauben, ob Ihr Weg zur Selbstliebe und Ihr Lebensweg nun leicht oder schwierig, lang oder kurz ist, Sie definieren Ihren Weg. Mit meinem Buch unterstütze ich Sie, Ihren eigenen Weg zu gehen. Einen ange-nehmen, vielleicht nicht immer einfachen und doch effektiven und effizienten Weg zu sich selbst zu finden, um zu leben, zu lachen, zu feiern und zu lieben.

Im Prinzip ist es ganz einfach, den Weg zu finden, sich zu akzeptieren, zu achten und damit sich selbst zu lieben und anzunehmen. Daher halten Sie jetzt auch keinen „dicken Schinken" in der Hand, sondern ein Nachschlagewerk für Zwischendurch, in verständlicher Sprache und mit meinem Herzblut geschrieben. Es ist als Unterstützung auf Ihrem wunderbaren Weg zu sich selbst gedacht. Hin zu einem Leben in Harmonie, Freude, Zufriedenheit und Glück.

In den nachfolgenden Kapiteln finden Sie mein persönliches Rezept mit Übungen und Anregungen, wie Sie die Selbstliebe in Ihren Alltag integrieren können. Darüber hinaus, was es Wissenswertes rund um dieses Thema gibt, und einiges, was Sie bei Ihrer Reise unterstützt. Lesen Sie alles mit offenem Herzen, um das in Ihr Leben integrieren zu können, was sich für Sie gut und richtig anfühlt. Ich wünsche Ihnen eine spannende Reise und machen Sie es sich einfach. Sie schaffen das – ich weiß es, da ich es selbst erlebte.

Ich empfehle Ihnen, dieses Buch erst einmal zu lesen und die Übungen nacheinander zu machen. Bei Bedarf steigen Sie immer wieder kreuz und quer in die einzelnen Kapitel ein. Je nachdem, was Sie gerade brauchen oder was sich in Ihrem Leben oder Ihren Gedanken zeigt. Vertrauen Sie sich einfach selbst. Ihr Verhalten und Ihre Gedanken profitieren von der stetigen Wiederholung. Ich empfehle Ihnen, mit diesem Buch zu arbeiten. Es soll ein wunderbarer Begleiter und Ratgeber für Sie sein.

Viel Spaß auf Ihrer Reise!

2. Selbsthass und Glaubenssystem

Der wichtigste Meilenstein bei Ihrer Reise zu sich selbst ist die Erkenntnis, dass Selbsthass der Weg ist, sich selbst zu verlassen. Selbsthass führt Sie immer weiter weg von sich hin zu einem Leben als Opfer. Wollen Sie wirklich ein Opfer in Ihrem Leben sein? Jemand, der nicht aufstehen kann? Jemand, der nicht Nein sagen kann? Jemand, der unfähig ist, sich zu wehren oder einen anderen Weg zu gehen?

Opfer fühlen sich immer klein und erkennen selten die eigenen Potenziale und Stärken. Opfer finden nicht die Kraft in sich selbst. Also beginnen Sie bitte Ihre Reise, selbst dann, wenn es Ihnen gerade noch schwer fällt, damit anzuerkennen, dass Sie immer der/die Verantwortliche für Ihre aktuelle Situation sind. Sie alleine bestimmen Ihren Glauben und Ihr Denken. Sie erschaffen sich Ihre eigene Realität durch die Kraft Ihrer Gedanken. Damit holen Sie sich die Verantwortung und die Kraft in Ihr Leben zurück. Als Verantwortliche/r können Sie handeln und Ihr Leben verändern. Als Opfer nicht.

Daher gleich zu Beginn: Solange Sie die Menschen und Umstände im Außen für Ihr Leben verantwortlich machen, verändert sich nichts in Ihrem Leben. Sie trennen sich nur von sich selbst und damit auch von Ihrem Leben. Sie drehen sich im Kreis. Sie verstecken sich hinter Masken oder Fassaden und rauben sich damit selbst Ihre Energie.

Das Außen sind zum Beispiel, die Politik, die Eltern, der Lehrer, der Chef, der Mann oder die Frau, die Kollegen etc.

Doch woher kommt dieser Selbsthass, dieses sich selbst ablehnen? Warum hassen Sie sich? Was ist so furchtbar an Ihnen?

Diese Fragen und deren Beantwortung führen Sie unweiger-
lich zu Ihrem Glaubenssystem und zum Massenbewusstsein.

Was ist das Glaubenssystem?

Das Glaubenssystem ist Ihr Wertesystem. Alles, was Sie von
Ihren Eltern, Großeltern, Erziehern, Lehrern und Ihrer Religion
als richtig und falsch oder gut und böse vermittelt bekommen
haben. Dies ist in Ihrem Unterbewusstsein integriert, sodass
Sie diese Wertmaßstäbe gar nicht mehr bewusst wahrnehmen, sondern einfach als wahr akzeptieren. Sie haben Glaubenssätze zu Ihrer Arbeit, zu Ihrem Leben, zur Liebe, zur
Gesundheit etc. Alles, was Sie häufiger sagen, denken und
fühlen, gehört zu diesem Glaubenssystem.

Lassen Sie z. B. bei ein paar längeren Telefonaten ein Auf-
nahmegerät mitlaufen und erkennen Sie wiederkehrende
Sätze – das hilft Ihnen, Ihrem Glaubenssystem auf die Schli-
che zu kommen. Oder nutzen Sie Familienfeiern, um Ihren
Familienmitgliedern wirklich zuzuhören. Achten Sie darauf,
ob in Ihrer Familie über schöne Dinge gesprochen wird, über
Chancen, und wie die Menschen miteinander umgehen. Oder
ob Krankheiten, miese Politiker, furchtbare Arbeitgeber etc.
immer im Mittelpunkt der Gespräche stehen.

Beispiele für Glaubenssätze sind z. B., dass Sie sich Liebe
verdienen müssen, dass Geld stinkt oder das Leben unge-
recht ist. Erkennen Sie sich hier wieder? Prüfen Sie für sich,
was Ihre Wahrheit ist und was Sie ganz oft in Ihrer Kommunikation mit anderen wieder und wieder verwenden.

Alle Glaubenssätze, die wir stillschweigend akzeptieren,
bestimmen unser Leben. Sie formen es, wie Sandförmchen
den nassen Sand formen. Daher ist es ungemein wichtig,
Ihrem eigenen Glaubenssystem ab sofort mehr Aufmerksamkeit zu schenken.

Übung:

Nehmen Sie bitte Stift und Papier, um alles aufzuschreiben, was Sie über die nachfolgenden Begriffe denken. Schreiben Sie entweder Stichpunkte oder ganze Sätze auf. Bewerten und zensieren Sie das Geschriebene nicht. Sie werden erstaunt sein, welche Verbindungen in Ihnen schlummern, die Ihr ganzes Leben beeinflussen. Schreiben Sie ganz ehrlich und frei Ihre Gedanken auf, niemand wird es lesen.

Was denken Sie über:
— Geld / Armut
— Macht / Ohnmacht
— Beziehungen
— Leben / Tod
— Politik
— Welt
— Erfolg / Misserfolg
— Kirche bzw. Religion
— Gott
— Gesundheit / Krankheit
— Sexualität
— Essen
— Trinken
— Glück / Unglück
— Ihren Körper
— Freiheit / Unfreiheit
— Krieg / Frieden
— Gewinnen / Verlieren
— Partnerschaft / Alleinsein
— Dramen / Balance

Lesen Sie sich anschließend alles noch einmal in Ruhe

durch, dann sind Sie Ihrem Glaubenssystem schon ein ganzes Stück weit auf der Spur. Ganz ehrlich, ist es nicht interessant, was Sie über solche wichtigen Bereiche Ihres Lebens denken?

Seien Sie sich dabei bewusst, Ihre Gedanken und Ihr Glauben bestimmen Ihre Realität, also Ihr Leben.

Übung:

Nehmen Sie die gleichen Begriffe und ergänzen Sie diese noch weiter und schreiben auf, was Sie zukünftig über diese Begriffe denken wollen.

Um ein Beispiel herauszunehmen:

Glück: Steht mir zu. Ist immer um mich herum. Ich bin glücklich, einfach nur, weil ich ich bin. Glück ist mein Geburtsrecht. Ich habe ganz viele Dinge, über die ich glücklich sein kann. Glück ist meine Lebenseinstellung. Ich bin ein Glückspilz.

Lassen Sie sich für diese Übung Zeit. Wiederholen Sie diese und lesen Sie sich Ihre neue Einstellung immer wieder durch. Sie werden Veränderungen an sich und auch in Ihrem Leben bemerken. Wenn Sie es noch nicht glauben, probieren Sie es doch bitte aus. Nehmen Sie Papier und Stift zur Hand und fangen Sie jetzt Kraft Ihrer Gedanken und Ihres positiv veränderten Glaubenssystems an, Ihr Leben neu zu gestalten. Es ist Ihre Entscheidung. Denken Sie immer daran.

Um noch tiefer in Ihr Glaubenssystem einzusteigen, bitte ich Sie, sich schriftliche Gedanken zu machen, was Sie in Ihrem Leben benötigen. Was Sie meinen, unbedingt brauchen zu müssen. Was Sie von Ihren Mitmenschen erwarten. Das ist nämlich das, was Sie von sich selbst erwarten und sich selbst nicht geben können. Dort sind Ihre Trennungen von sich selbst verborgen und Ihre Mangelthemen. Also alles, was Sie von sich abtrennen und glauben, nicht lieben zu können. Bei diesen Gedanken bitte ich Sie, ganz ehrlich mit sich selbst zu sein. Denn hier wohnt Ihr nackter Hunger, hier ist er verborgen. Der Hunger, der niemals vom Außen gestillt werden kann, sondern nur von Ihnen selbst in Ihrem Inneren. Ihr Innen braucht Ihre Zuwendung. Es braucht Liebe, Zeit, Gefühl und Aufmerksamkeit.

Doch auch das Massenbewusstsein wirkt sich auf Sie und damit auf Ihr Leben aus.

Was ist eigentlich das Massenbewusstsein?
Das Massenbewusstsein ist das, was von uns als die Meinung der breiten Masse bzw. der Welt wahrgenommen wird. Zum Beispiel, was wir in den Medien als schön definiert bekommen und als Wahrheit annehmen und akzeptieren. Massenbewusstsein könnte auch als die Norm von Schönheit, Intelligenz, Erfolg und Normalität definiert werden.

Unser Massenbewusstsein und Glaubenssystem setzen uns erheblich unter Druck. Wir lassen uns in Richtlinien hineinpressen, in Vorstellungen, wie wir sein müssen, damit wir zu einer Gruppe, zur Norm, zu Gemeinschaften gehören, um nicht aus der Norm der Masse herauszufallen. Wir lassen uns einreden, was wir als Wahrheit empfinden sollen, wie unsere Meinung aussehen muss etc. Die Angst vor Trennung oder dem nicht mehr zur Masse bzw. der Gemeinschaft dazuzugehören ist eine der größten Ängste, die wir Menschen in uns tragen. Wir wollen einfach zur Masse gehören. Wir wollen nicht anders sein, denn damit verbinden wir Anecken, unbeliebt und alleine sein. Lieber verbiegen wir uns – Selbstliebe hin oder her.

Glaubenssysteme und Massenbewusstsein bewirken außerdem eine ständige Kontrolle unseres Geistes und führen damit auch zur Selbstgeißelung. Wir beurteilen und bewerten uns ständig mit unseren Gedanken und Worten. Wir definieren uns über das, was wir über uns hören, was wir glauben und damit als wahr akzeptieren. Wir empfinden all das, was wir über uns denken, als eine solche tiefe Wahrheit, dass wir uns gar nicht mehr fragen, warum wir das denken, und ob dies überhaupt für uns wahr ist. Wir stecken in einem Strudel fest, der sich nach unten dreht und sitzen über uns selbst grausam zu Gericht.

Kennen Sie den nicht endenden Dialog der Selbstabwertung? Um Ihnen einige Beispiele zu nennen: Ihr innerer Richter sagt z. B. „Das war nicht gut genug" oder „Das schaffst du nie" oder „Du bist einfach dumm" oder „Mein Gott, bist du faul". Sie fühlen sich mies und klein, auch wenn so niemand über Sie denkt. Lediglich Sie alleine glauben es und führen somit einen anhaltenden negativen inneren Dialog.

Damit rauben Sie sich selbst wertvolle Energie, die Sie zum Leben, zum Freuen und zum Genießen benötigen. Sie verpulvern diese einfach und sind grausamer mit sich selbst als mit jedem anderen Mitmenschen. Warum tun Sie dies? Welchen Nutzen hat das für Sie? Wollen Sie wirklich so weiterleben?

Fühlen und beachten Sie ab jetzt die Wahrheit in dem Satz, dass sich Ihr Schicksal aus dem formt, was Sie glauben, und aus dem, was Sie fürchten.

Übung:

Nehmen Sie sich etwas zu schreiben und formulieren Sie Folgendes:
- Wie fühlen Sie sich im Moment wirklich?
- Wie wollen Sie sich in Ihrem Leben und Alltag fühlen?
- Was glauben Sie ab jetzt über sich selbst?
- Wie wollen Sie wirklich leben?

3. Im Spiegel betrachten

Wann haben Sie sich eigentlich das letzte Mal selbst betrachtet? Ja, wirklich einfach nur z. B. vor dem Spiegel angeschaut? Ohne zu werten und zu urteilen? Ohne abzulehnen, was Sie da sehen?

Sind Sie stolz, wenn Sie sich anschauen? Freuen Sie sich auf die Begegnung mit Ihrem Spiegelbild? Wissen Sie, wie Sie gerade im Moment wirklich aussehen?

Sich im Spiegel zu begutachten, ohne dabei zu bewerten, ist einer der größten Schlüssel in Ihrem Selbstliebetraining. Einfach nur sich selbst zu betrachten und wahr zu nehmen. Mit ein wenig Übung gelingt es Ihnen, sich dabei selbst anzulächeln.

Übung:

Kaufen Sie sich einen Handspiegel und beobachten Sie einen Monat lang täglich Ihre Augen und Ihr Gesicht. Sagen Sie dabei einfach nur „Ja" zu sich selbst, als Mensch – Frau, Mann – mit allen Fehlern und was sonst noch zu Ihnen gehört. Sie werden nach diesem Zeitraum Veränderungen auch in Ihrem Außen wahrnehmen, weil sich Ihr Innen, also Ihr Selbstbild, verändert hat. Beobachten Sie, wie Ihre Gesichtszüge langsam anfangen, weicher zu werden und Ihr Augen-ausdruck klarer wird. Dies ist ein wundervolles Geschenk an uns selbst. Lächeln Sie sich auch einfach mal zu und spüren Sie, was dies in Ihrem Innersten bewirkt. Werfen Sie einen Blick in den Spiegel, wenn Sie traurig und betroffen sind, damit Sie sich selbst ganz tief kennen lernen und Ihren Aus-druck sehen können. Lassen Sie sich Zeit bei dieser Übung. Spüren Sie bewusst Ihren Körper, indem Sie Ihre Füße auf dem Boden wahrnehmen, sowie sich selbst, Ihre Gefühle und Ihren Atem.

Übung:
Stellen Sie sich vor einen Spiegel und blicken Sie tief in Ihre Augen. Darin finden Sie Ihre Angst, aber auch das Glück und Ihre Freude. Ihr ganzes Schicksal ist dort gespeichert. Nehmen Sie die Tiefe und Einzigartigkeit Ihres wahren Selbst an sich wahr. Schenken Sie Ihren Augen besondere Auf-merksamkeit, indem Sie sich Zeit nehmen. Atmen Sie tief und ruhig. Falls Tränen fließen, einfach fließen lassen und ruhig und tief atmen. Lassen Sie alle Tränen heraus, halten Sie nichts zurück. Erlauben Sie Ihren Emotionen, frei zu fließen und öffnen Sie dabei bitte Ihren Mund.

Richten Sie nun Ihre Aufmerksamkeit von den Augen hin zur Nase, die Ihnen große Dienste erweist. Von dort geht es weiter zu den Lippen, zu Ihren Zähnen, Ihrem Kinn und Ihren Wangen. Nehmen Sie anschließend Ihr ganzes Gesicht in seiner besonderen Schönheit wahr. Diese Gesamtheit gibt es nirgendwo sonst. Sie ist einzigartig an Ihnen.

Sagen Sie zu Ihrem Spiegelbild: *„Ich liebe dich. Ich liebe dich jetzt wirklich. Ich bin wertvoll und wunderbar. Ich bin ein-zigartig und liebenswert. Ich liebe mich jetzt."*

Wiederholen Sie diese heilenden Worte mehrmals, wie ein Mantra, während Sie sich dabei tief in die Augen blicken.

Wenn Sie dies innerlich gemeistert haben – und wirklich erst dann, stellen Sie sich komplett nackt vor einen großen Spiegel. Nur Sie bestimmen, wann dieser Zeitpunkt gekommen ist. Lassen Sie sich weder drängen noch schieben Sie den Zeitpunkt bis in alle Ewigkeit hinaus. Beim Blick in den Spiegel finden nur Sie sich, was Ihnen keine Angst zu machen braucht. So nähern Sie sich Ihrem jetzigen Selbst. Ziehen Sie es nicht unendlich in die Länge. Stellen Sie sich der Wahrheit, denn Sie sind ein liebenswertes Wesen, egal wie Sie sich selbst empfinden.

Beginnen Sie nackt vor dem Spiegel mit Ihrem Blick wieder in Ihrem Gesicht und gehen dann weiter. Betrachten Sie Ihren Hals, Ihre Schultern, Ihre Arme, Ihre Hände, Ihre Brust, Ihre Taille, Ihren Bauch, Ihren Po, Ihre Oberschenkel und Waden, Ihre Fesseln und Füße. Betrachten Sie Ihren Schambereich, denn auch er ist ein Teil von Ihnen und gehört zu Ihrer Person.

Nun gehen Sie ins Detail, indem Sie jede Ihrer Falten, jedes Pfund zu viel, jede Delle, jede Narbe, jeden Knochen, jeden Besenreiser, jede Krampfader und jeden Hautriss genau betrachten. Begutachten Sie sich, ohne zu werten. Nur wahrnehmen, sehen und fühlen.

Ja, das, was Sie sehen, sind Sie, jetzt in diesem Augenblick, mit Ihrer Einzigartigkeit und Ihrem Verletztsein.

Wenn nun Tränen fließen, heißen Sie diese herzlich willkommen. Diese sind ein besonderes Geschenk der Berührung, denn endlich nehmen Sie sich so wahr, wie Sie jetzt im

Moment sind.

Wenn Sie sich trösten möchten, dann umarmen Sie sich selbst. Sie sind für sich der beste Halt, den Sie besitzen. Sie sind wunderbar, wie Sie sind. Momentan sind Sie mutig, worauf Sie stolz sein können. Ja, das dürfen Sie jetzt wirklich sein.

Wiederholen Sie diese Übung so lange, bis Sie sich wirklich von Kopf bis Fuß anschauen und wahrnehmen können. Vielleicht ist dies für Sie nicht einfach, doch es ist eine effektive Übung. In dem Moment, indem Sie keine größeren Probleme mehr haben, diese Übung durchzuführen und nichts Verurteilendes mehr in Ihren Gedanken feststellen, sich jetzt einfach ohne Wertung sehen, dann lieben Sie sich und sind mit Ihrem physischen Körper einverstanden. Ich gratuliere Ihnen.

Wenn es Ihnen sehr schwer fällt, nicht sich selbst zu verurteilen, dann beginnen Sie damit, sich erst einmal auf das zu konzentrieren, was alles schön an Ihnen ist. Dies wäre für Sie ein wunderbarer Anfang.

Sie überschreiben mit beiden Übungen Ihr altes Selbstbild und finden sich in sich selbst wieder, was eine wunderbare Erfahrung ist. Öffnen Sie bei den Wiederholungen dieser Übung Ihr Herz ganz weit. Ja, trauen Sie sich und tun Sie es, ohne zu werten. Nichts an Ihnen ist ablehnenswert. Es ist einfach nur, wie es gerade ist und ein Teil von Ihnen, der gesehen, bejaht und anerkannt werden will.

Umarmen Sie sich immer wieder selbst. Schließen Sie sich richtig in die Arme und atmen Sie bewusst den Halt und die Sicherheit ein, um sich beides selbst zu geben.

Sie können diese Übungen immer dann anwenden, wenn Ihnen danach ist, über Jahre hinweg. Ich selbst blicke regelmäßig in den Spiegel und spreche ein „*Ja*" zu mir selbst, damit auch zu meinem Leben und all meinen Entscheidungen. Ich fülle mich so selbst mit meiner Liebe und mache mich damit satt. Keiner im Außen kann Ihnen dies abnehmen. Keiner kann Sie so lieben wie Sie sich selbst. Tun Sie es, um Ihr Leben für die Liebe zu öffnen. Es kommen völlig neue Erfahrungen auf Sie zu, weil Sie beginnen, sich selbst zu lieben und anzunehmen wie Sie sind. Sie erfahren dies auch im Außen. Unbewusst strahlen Sie Ihre Selbstannahme, die Sie Schritt für Schritt integrieren, auf all Ihre Mitmenschen aus: auf Ihren Mann oder Ihre Frau, Ihre Kinder, Ihre Eltern, Ihren Chef, Ihre Mitarbeiter, Ihre Freunde und Ihre Kollegen. Generell auf jeden Menschen, dem Sie begegnen.

Sie finden zu sich selbst und Ihrem Körper zurück. Sie geben Ihrer Seele und Ihrem physischen Körper den Raum und Platz, den diese benötigen, damit Sie Ihr Geburtsrecht auf Liebe, Gesundheit, Reichtum und Glück in Anspruch nehmen können.

Sie sind auf Ihre Weise wunderschön und einzigartig. Nehmen Sie sich endlich bewusst wahr und trauen Sie sich. Sie werden überrascht sein, was sich dadurch verändert. Sie sind keinesfalls abscheulich, denn Sie sind so wie Sie sind. Beginnen Sie den Spiegel als Ihren Freund zu akzeptieren, der Ihnen ein Gefühl für Ihre aktuellen Themen widerspiegelt, je nachdem, ob Sie sich leicht und frei oder schwer und eng fühlen, wenn Sie in ihn blicken.

Überwinden Sie sich und tun Sie es, indem Sie endlich zum Spiegel gehen. Atmen Sie tief durch und Sie werden immer wieder überrascht, wenn nicht sogar stolz auf sich selbst sein.

4. Das Leben bejahen und damit jede Erfahrung

– besonders die Vergangenheit

Jeder Schritt im Leben – ebenso in Ihrem – ist Erfahrung, ein Spiel, sonst nichts. Ja, ein Spiel, Sie haben wirklich richtig gelesen. Es ist wichtig, Spaß an jeder neuen Erfahrung in Ihrem Leben zu entwickeln und zu lernen, aus dem Moment heraus zu leben. Geben Sie nichts vor, bestimmen Sie nichts, definieren Sie nichts, sondern lassen Sie ganz los und leben im Hier und Jetzt. Das ist alles, was Sie aktuell haben. Das Leben findet nicht gestern oder morgen statt, sondern jetzt in diesen Augenblicken. Durch diesen Atemzug während dieses Gedankens findet Ihr Leben statt. Gestalten Sie es endlich liebevoll. Vertrauen Sie sich. Gehen Sie in den Fluss, in die Vielfalt, in die Schönheit, ohne darüber nachzudenken, was im nächsten Moment sein kann. Atmen Sie und leben Sie jetzt! Endlich! Kein Augenblick ist wichtiger als der jetzige!

Lieben Sie sich für Ihr Leben und alles, was Sie leisten, für jeden Atemzug, für jede Erfahrung – gut oder schlecht – völlig egal. Lieben Sie sich dabei, denn dies macht Ihnen Ihr Leben leichter, weiter, einfacher und angenehmer. Sie bemerken die Veränderungen in Ihren Emotionen.

Hören Sie auf, detailliert zu planen und sich vorzugeben, was Sie morgen, in 5 Jahren oder in Ihrer Rente tun müssen. Was übrigens nicht bedeutet, keine Ziele oder Visionen mehr zu haben. Hören Sie auf, sich ständig begrenzen und definieren zu wollen. Sie können alles, was Sie wirklich wollen, erreichen, also begraben Sie Ihre Vorstellung, alles genau vorgeben und damit kontrollieren zu können und zu müssen. Halten Sie alles für möglich und leben Sie im Hier und Jetzt.

Sagen Sie sich selbst: *„Ich bin jetzt offen und lasse jede Erfahrung zu."* Seien Sie allzeit bereit – auch, sich jetzt selbst zu lieben.

Erfreuen Sie sich an allen Erfahrungen, auch an den scheinbar negativen. Gerade diese sind es, die Sie in Ihrem Leben weiterbringen, auch wenn Sie das erst später feststellen. Sagen Sie *„Ja"* zu jeder neuen Erfahrung und stellen Sie sich dabei ruhig wieder vor Ihren Spiegel. Schauen Sie sich tief in die Augen und sagen Sie einfach: *„Ja!"*

Lösen Sie sich von Ihrer Definition, was und wer Sie sind! Sie begrenzen sich selbst und Ihr Leben. Mal ganz ehrlich: Wollen Sie wirklich weiterhin begrenzt leben? Nein? Dann öffnen Sie Ihre eigenen Begrenzungen, indem Sie sich jetzt leben und lieben. Egal was, wer und wie Sie gerade sind, genießen und fühlen Sie es in vollen Zügen. Lächeln Sie, breiten Sie die Arme aus und genießen Sie bewusst diesen Atemzug. Sie müssen nichts tun, nur sein.

Was ist unter Begrenzungen zu verstehen? Gemeint sind Gedanken wie z. B. „... dazu muss ich erst 10 kg abnehmen", „...so viel Geld ...", „... Jahre jünger sein ...", „... einen Partner haben ...", „ ... den passenden Schulabschluss etc. haben ..."

Übung:
Setzen oder legen Sie sich bequem hin. Stellen Sie sich gedanklich vor, wie Sie mit einem Messer oder einer Schere vorsichtig und liebevoll all Ihre Korsetts aufschneiden, damit Sie frei durchatmen können. Entfernen Sie alle Masken und Verschleierungen, die Ihr wahres Ich verdecken. Ebenso Ihren Schmuck und die gesamte Kleidung. So lange, bis Sie ganz unbekleidet sind, sich ganz leicht, frei und als sich selbst fühlen.

Sammeln Sie alle Korsetts, Masken und Verschleierungen und zünden Sie geistig ein violettes Feuer an. Werfen Sie alles bewusst in diese Flammen. Beobachten Sie, wie diese Utensilien verbrennen. Genießen Sie das neue Gefühl, einfach nur Sie selbst zu sein. Nackt, sicher und einzigartig. Sind Sie nicht wundervoll?

Machen Sie sich bewusst, dass jede Entscheidung, die Sie bisher trafen, für Ihre Erdenreise die richtige war. Alles geschah aus der Sicht, immer das „Beste" für sich getan oder gewählt zu haben.

Um sich weiter entwickeln zu können, benötigen Sie eine Erfahrung, weshalb diese über Ihre Wahl in Ihr Leben gelangte. Lassen Sie das „Aber" des Verstandes verstummen und öffnen Sie Ihr Herz für sich selbst. Die Vergangenheit ist vorbei und war eine Aneinanderreihung von Entscheidungen oder Ereignissen, selbstverständlich würden Sie heute teilweise vieles anders machen. Doch warum? Sie sind ein schöpferisches, intelligentes Wesen und zogen sich alles, was Sie brauchten, in Ihr Leben. Dadurch gewannen Sie Einsichten, um sich so weiterentwickeln zu können. Dadurch entstand der Mensch, der Sie heute sind. Sie können stolz auf sich sein – ebenso auf den Weg, den Sie bis hierher gegangen sind.

Jetzt gerade lesen Sie ein Buch über den Weg zu sich selbst, wie großartig Ihre Macht sein kann. Doch welche Verantwortung übernehmen Sie momentan für sich selbst und Ihr Leben? Seien Sie liebevoll mit sich selbst und lassen Sie Ihren inneren Richter verstummen. Genießen Sie das Gefühl, aus der damaligen Sicht immer die beste Entscheidung getroffen zu haben, egal, was immer auch passiert ist.

Akzeptieren Sie die aktuell nicht veränderbaren Dinge und ebenso Ihre Vergangenheit, über die Sie keine Kontrolle mehr besitzen. Verschwenden Sie keine weitere Energie damit.

Das Beste ist, diese zu akzeptieren und zu lernen, damit zu leben. Lassen Sie das Gestern los, indem Sie keine unnötigen Gedanken daran verschwenden. Investieren Sie stattdessen Ihre Energie in Ihr jetziges Leben, in Ihr Verhalten, Ihre Werte, Ihr Wissen und damit auch in Ihre Fähigkeiten und Wünsche. Dadurch beeinflussen Sie Ihr Leben positiv und können frei neue Entscheidungen treffen.

Werden Sie ruhig und lassen das Vergangene ruhen. Die Vergangenheit ist geschehen und ein Teil von Ihnen. Erkennen Sie diesen liebevoll an, da er zu Ihnen gehört. Sagen Sie sich innerlich: *„Ja, so bin ich. Ja, diese Entscheidungen gehören auch zu mir. Ja, das war bisher mein Leben. Es war weder gut noch schlecht. Es war einfach. Diese Erfahrungen waren notwendig, um hier an diesen Punkt in meinem Leben zu gelangen."* Dann nehmen Sie sich liebevoll in den Arm, um sich alles zu verzeihen, was Sie sich vielleicht heimlich noch vorwerfen. Dazu gehört auch das Verschwenden Ihrer eigenen Energie. Sie sind ein geliebtes Kind des Universums. Verzeihen Sie sich endlich und hören damit auf, sich selbst zu verurteilen.

Nur so erreichen Sie den Zustand inneren Friedens, nach dem Sie sich sehnen. Sie können die Vergangenheit nicht ändern, noch müssen Sie dies tun. Sie ist so, wie sie ist. Akzeptieren Sie diese und bestätigen durch ein *„Ja"* Ihr Leben. Steigen Sie dadurch aus dem Kreislauf von Gut und Böse aus. Wir sind alle alles. Alles ist in uns. Es ist alles so, wie es jetzt für Sie sein muss. Akzeptieren Sie endlich Ihre in der Vergangenheit getroffenen Entscheidungen. Wenn Ihnen die Gegenwart nicht gefällt, dann entscheiden Sie sich jetzt neu, um eine Veränderung zu erreichen. Wie? Ganz einfach über Ihren Atem, Ihre Gefühle und Gedanken. Ja, es klingt und ist so einfach. Probieren Sie es selbst aus. Die einfachen Dinge des Lebens sind die elementarsten, doch wenn Sie es kompliziert, schmerzhaft und langwierig wollen, habe ich auch ein Rezept für Sie. Kontaktieren Sie mich, dann verrate ich Ihnen, wie Sie den rechten Zeh in den linken Nasenflügel stecken können ;-).

Bauen Sie sich auf diese Erkenntnis liebevoll Ihre Gegenwart auf und gestalten somit Ihre Zukunft. Sagen Sie Ja zu allem, was ist, und verschwenden Sie nicht mehr länger Ihre Zeit mit Ihrem Lieblingsspiel, das da lautet: „Was wäre, wenn?" Schließen Sie Frieden mit Ihrer Geschichte. Es sind wichtige Teile von Ihnen. Immer, wenn Sie über Ihre Vergangenheit nachdenken und Entscheidungen bereuen, alles ganz anders machen würden, sagen Sie sich ganz klar: *„Diese Erfahrung ist vorbei. Heute treffe ich eine neue Entscheidung für _____."* Wählen Sie bewusst und nehmen Sie sich und Ihr Leben bedingungslos an.

Sie machten in der Vergangenheit keine Fehler – Sie sammelten lediglich Erfahrungen. Sagen Sie sich dies regelmäßig, wenn Sie in Ihr Lieblingsspiel des „Was wäre wenn?" zurückfallen und gedanklich über sich selbst zu Gericht sitzen. Seien Sie sich bewusst, dass all diese Erfahrungen durch Sie geformt wurden.

Suchen Sie sich daher ein neues Motto für Ihr Leben. Ich mag z. B. besonders gerne: *„Alle Möglichkeiten und Antworten sind in mir! Ich mache etwas daraus!"*

Ich möchte Ihnen hier besonders Dankbarkeit für alles, was ist und für sich selbst ans Herz legen. Entwickeln Sie ein Gefühl tiefer Dankbarkeit. Damit hören Sie auf, im Mangel zu leben und akzeptieren Ihr Hier und Jetzt. Sie wandeln die Situation durch ein klares „Ja" und können sich sofort entscheiden, ab jetzt anders zu leben und zu handeln. Gefühle der Dankbarkeit bringen eine positive Grundstimmung in Ihr Leben, die sich im Außen widerspiegelt. Sie verlassen die Mangelhaltung, um mehr Glück und Erfüllung in Ihrem Leben zu finden. Glauben Sie mir, es gibt unendlich viel, wofür Sie dankbar sein können. Was ist wirklich selbstverständlich im Leben?

5. Die eigenen Gedanken beobachten

Nehmen Sie Ihre eigenen Gedanken bewusst wahr und setzen sich damit auseinander! Verändern Sie Ihr Denken positiv! Warum? Weil Ihre Gedanken und Gefühle, die mit Ihnen in Resonanz stehen, Ihre Wirklichkeit erschaffen und somit Sie davon abhalten, sich selbst zu lieben, zu achten und anzuerkennen. Ihre Gedanken und Gefühle sind sozusagen Schwingungen und damit Energiepotenziale, die auf Ihren Geist und die Materie wirken und sich so in Ihrem Alltag als Erlebnisse, Ereignisse und damit als Realität manifestieren.

Auf Ihrem Weg zur Selbstliebe lohnt es sich also durchaus zu beobachten, welche Gefühle durch Ihre Gedanken in Ihnen hervorgerufen werden.

Haben Sie schon einmal beachtet, was Sie den ganzen Tag über denken? Besonders das über sich selbst? Wie Sie sich ständig bewerten, bestrafen und kleinmachen? Sie werden so viel über sich lernen, deshalb lohnt es sich, Ihre eigenen Gedanken zu beobachten, um sich selbst vollständig kennen zu lernen.

Übung:

Entscheiden Sie sich in diesem Moment, bewusst wahr zu nehmen, was Sie über sich denken. Beobachten Sie sich dabei. Schreiben Sie jetzt auf, was Sie denken – ohne zu wissen, ob es eigentlich wahr ist, was Sie denken. Ja, jetzt. Legen Sie dieses Buch kurz weg und fangen sofort damit an. Ich warte so lange auf Sie – versprochen. Einfach nur alle Gedanken, die Ihnen gerade durch den Kopf schießen, aufschreiben. Besonders jene, die Sie selbst betreffen.

Schenken Sie Ihren Gedanken bewusst Aufmerksamkeit. Nehmen Sie wahr, wenn Sie Ihren eigenen Gedanken Wahrheit beimessen, ohne überhaupt zu wissen, ob es stimmt, was Sie denken. Wenn Sie z. B. denken, dass Sie dumm sind, dann fühlen Sie doch einmal hinein, ob Sie es wirklich sind.
Gleichzeitig beobachten Sie bitte, wie Sie sich fühlen, wenn Sie diese Gedanken wahrnehmen. Existiert dabei Freude und Leichtigkeit, oder Angst und Schwere? Nehmen Sie sich Zeit, um Ihre Gefühle wirklich wahrzunehmen. Übernehmen Sie das Beispiel von oben wie folgt: Wie fühlen Sie sich bei dem Gedanken, dass Sie dumm sind?

Gönnen Sie sich regelmäßig einen Moment der Stille, um dabei nur Ihren Gedanken, Gefühlen oder Ihrer inneren Stimme zu lauschen. So einfach ist das. Sie schaffen sich auf diese Weise ein neues Bewusstsein über sich selbst und Ihren inneren Richter. Ebenso über Ihre Maßstäbe und Glaubenssysteme. Beobachten Sie einfach und seien Sie offen und ehrlich mit sich selbst.

Übung:

Fragen Sie sich bitte, was Ihre Eltern von Ihnen als Kind erwarteten und was Sie davon heute noch selbst von sich erwarten? Was kritisierten oder mochten Ihre Eltern an Ihnen nicht, das Sie heute selbst noch an sich kritisieren und nicht mögen? Wofür bestraften Sie Ihre Eltern? Wofür bestrafen Sie sich heute immer noch?

Existiert in Ihnen ein gutes inneres Bild, dann lassen Sie das Negative, das Sie so über sich selbst denken, los! Ja, auch das ist so einfach. Sie müssen nicht mehr das glauben, was Ihre Eltern über Sie sagten, und nicht mehr so leben, wie Sie es Ihnen vorleben. Sie waren ein guter Schüler Ihrer Eltern und sind jetzt frei. Es ist Zeit, an sich selbst zu denken. Hören Sie auf, Papas braves Mädchen oder Mamas lieber Junge zu sein. Sagen Sie sich ruhig und klar: *„Negative Programme aus meiner Kindheit oder meiner Umwelt sind ungesund für mich. Diese verletzen mich. Ich gebe diese sofort auf und ändere es – ab jetzt.“* Atmen Sie dabei tief und ruhig durch.

Entscheiden Sie sich bewusst dafür, ab jetzt positiv und uneingeschränkt von sich selbst zu denken und lassen Sie alle anderen Gedanken los. Machen Sie es sich leicht, indem Sie sich vertrauen! Wenn Sie möchten, können Sie gerne das, was Sie bisher über sich dachten, symbolisch verbrennen und danach Ihr Zimmer räuchern. Alles, was Ihnen hilft, die Kindheitskonstrukte zu erkennen, anzunehmen und dadurch in Rauch aufsteigen zu lassen, ist willkommen. Atmen Sie einfach tief ein und aus, wenn Sie entscheiden, was Sie ab heute über sich denken.

Gehen Sie nun in Ihre Wahrnehmung. Fühlen Sie, wie großartig und wundervoll Sie sind, vollkommen ohne Zweifel. Verschwenden Sie keine Gedanken mehr daran, dass ein anderer nicht ebenso empfindet, weil Sie selbst über andere auch nicht mehr so denken! Lieben Sie sich selbst und überschreiten Sie alle Grenzen, die Ihnen andere Menschen gedanklich setzten. Sie sind gedanklich frei, können das werden, was oder wie immer Sie sein wollen.

Sie sind einmalig, liebevoll und wunderbar. Darauf programmieren Sie sich nun selbst, wie einen Computer.

Bei der vorangegangenen Übung befreiten wir die Blockaden, die durch Ihre Eltern entstanden, und somit auch die Wunden Ihrer Kindheit. Ich weiß, das mag sich für den einen oder anderen unvorstellbar anhören, doch egal, was mit Ihnen geschieht, es passiert immer im Einverständnis mit Ihrer Seele. Auch unsere Eltern handeln immer aus dem Moment richtig, weil sie nicht anders können bzw. das Beste für ihr Kind möchten.

Weder Vater noch Mutter können ihr Kind bedingungslos lieben, wenn sie sich nicht selbst bedingungslos lieben.

Damit will ich nichts entschuldigen, was Ihnen geschehen ist. Ich ermögliche Ihnen nur einen anderen Blick auf das Ganze.

Übung:

Stellen Sie sich Ihren Vater als kleinen Jungen vor, der unschuldig und verloren vor Ihnen steht. Er ist unsicher und hat Angst, was Sie deutlich spüren. Niemand ist für ihn da, wodurch er sich ganz alleine fühlt. Stellen Sie sich ihn in dieser Situation vor und gehen Sie nun gedanklich hin zu Ihrem Vater als Kind und nehmen ihn in die Arme. Geben Sie ihm und dem Kind in Ihrem Vater einen Platz in Ihrem Herzen. Verzeihen Sie ihm und somit sich selbst. Bedanken Sie sich bei ihm dafür, dass er Ihnen Ihr Leben geschenkt hat. Diese Dankbarkeit gibt Ihnen Stütze und Halt in Ihrem Leben, da Sie Ihrem Vater seinem Platz in Ihrem Herzen einräumen. Gleichzeitig erhalten alle Männer in Ihrem Leben ihren richtigen Platz zurück.

Stellen Sie sich nun im nächsten Schritt Ihre Mutter als kleines Mädchen vor, unschuldig, hilflos, verloren. Sie ist ebenso unsicher und ängstlich, was Sie deutlich spüren. Niemand ist für sie da, weshalb sie sich alleine fühlt. Dicke Tränen kullern über ihr Gesicht. Stellen Sie sich Ihre Mutter genau in dieser Situation vor und gehen Sie nun gedanklich zu Ihrer Mutter als Kind und nehmen sie in Ihre Arme. Geben Sie ihr und dem Kind in Ihrer Mutter einen Platz in Ihrem Herzen und verzeihen Sie ihr und sich selbst. Bedanken Sie sich bei ihr dafür, dass sie Ihnen Ihr Leben geschenkt hat.

Geben Sie Ihrer Mutter Ihren Platz in Ihrem Herzen und verschaffen Sie so allen Frauen in Ihrem Leben ihren Platz. Holen Sie sich so die allumfassende Urliebe zurück, die Ihnen zusteht. Wiederholen Sie diese Übung beliebig oft, bis Ihr Herz leicht ist und Sie fühlen, in Frieden mit Ihren Eltern zu sein. Also so lange, bis Sie bedingungslos „Ja" zu Ihren Eltern sagen können.

Es sind Ihre Eltern. Diese Tatsache können Sie nicht ändern. Akzeptieren Sie Ihre Kindheit und ebenso Ihre Vergangenheit. Sie ist, wie sie war, in Ordnung gewesen. Sie können sich entweder mit Schuld und Scham den weiteren Weg blockieren und versperren, oder Sie können durch Verzeihen voranschreiten. Sie haben die Wahl. Bitte treffen Sie eine Entscheidung und handeln dementsprechend!

Wir Kinder lieben unsere Eltern und diese müssen uns schon eine Menge antun, damit wir aufhören, sie zu lieben. Außerdem denken Kinder, selbst daran schuld zu sein, wenn ihre Eltern gemein oder gewalttätig zu ihnen sind, weil sie nicht brav, schlau und lieb genug sind. Es fällt uns ungeheuer schwer, unseren Eltern alles zu vergeben. Doch mit dieser

Einstellung belasten wir uns selbst. Damit binden wir uns und unsere Energie an unsere Eltern und somit auch an unsere Vergangenheit. Wenn Sie in der Gegenwart – im Hier und Jetzt – leben wollen, dann vergeben Sie Ihren Eltern. Nehmen Sie Ihre Kindheit als das, was sie war, an und lassen Sie diese los. Und nein, Sie waren als Kind nicht schuldig, denn Sie suchten lediglich Liebe und Aufmerksamkeit. Also vergeben Sie auch dem Kind in Ihnen. Schließen Sie endlich Frieden mit sich, um dadurch eine wundervolle Gegenwart und eine glückliche Zukunft zu schaffen. Weinen Sie, wenn es sein muss und halten Sie sich dabei selbst fest im Arm.

Wenn Sie diese Hürde meistern – und Sie schaffen das – machen Sie sich auf zu „neuen Ufern". Kreieren Sie sich ein neues Bewusstsein über sich selbst. Wie? Ganz einfach – mit Ihren Gedanken und Gefühlen.

Übung:
Notieren Sie all die Dinge, die Sie ab sofort über sich glauben wollen, auf einem Zettel und hängen Sie diesen in der Wohnung auf oder stecken ihn in Ihren Geldbeutel. Gute Plätze zum Aufhängen sind z. B. der Badezimmerspiegel, Bilder, der Kühlschrank etc. Unterstützen Sie Ihre Arbeiten zusätzlich mit Affirmationen. Diese helfen dabei, in völlig neuen Dimensionen über sich selbst zu denken.

Einige kurze Affirmationen sind zum Beispiel „Ich liebe mich!", „Ich bin frei!", „Ich bin wunderbar!", „Ich bin geliebt!", „Ich liebe mich jetzt wirklich!" etc. Fühlen Sie dabei in sich hinein, wie diese Worte wirken. Integrieren Sie dieses „innere Wohlgefühl" ganz tief in Ihrem Herzen, damit es Sie ab jetzt immer begleitet.

Die wichtigste Lektion dieses Kapitels lautet: Ihre eigenen

Bewertungsmuster und -gedanken zu erkennen und sich davon zu trennen. Wie dies funktioniert, erfuhren Sie im Verlauf des letzten Kapitels. Gestalten Sie nun eine neue liebevolle Beziehung zu sich selbst!

Belassen Sie Ihre Gefühle und Wahrnehmungen bei sich. Erlauben Sie sich dies und nehmen Sie sich wahr, so wie Sie jetzt sind. Schätzen Sie sich in diesem Augenblick, denn Sie sind der Schöpfer Ihres Daseins und einfach wunderbar.

Was ist gemeint, wenn von „Schöpfer sein" gesprochen wird? Schöpfer sein bedeutet, dass Sie über Ihre Impulse, Gefühle und Gedanken Ereignisse und Materie mittels der Erdanziehung bzw. der Schwerkraft in Ihr Leben ziehen.

Falls Sie sich bei negativen Gedanken und Gefühlen erwischen, denken Sie bewusst „Stopp" und ersetzen diese durch positive. Findet sich der negative Gedanke wieder und wieder in Ihren Überlegungen, dann fragen Sie sich, wo er her kommt, oder wem dieser Gedanke dient, und ob Sie diesen weiterhin über sich selbst denken wollen. Schauen Sie durchaus diesen genauer an, aber zerfleischen Sie sich nicht damit. Fühlen Sie diesen negativen Gedanken und werden Sie sich bewusst, wie wenig Ihnen diese scheinbar negativen Gefühle guttun. Wenn Ihnen dies bewusst ist, dann treffen Sie eine neue Entscheidung, wie Sie ab sofort lieber über sich denken wollen, und was Ihnen und einem freudvollen Leben dienlicher ist.

Nehmen Sie alles wahr, was Ihrer Selbstliebe im Weg steht, um ungeklärte Gefühle in Ihr Bewusstsein bringen zu können. Sprechen Sie alles aus oder schreiben es auf. So machen Sie es sich bewusst und sichtbar, um sich so Klarheit und innere Ruhe zu schaffen, weil Ihr Unbewusstes so bewusst wird. Trauen Sie sich.

Das Wichtigste dabei ist: Verzeihen Sie sich alles. Jeden Gedanken, jede Entscheidung, einfach alles, was in Ihrem Leben war und ist. Verzeihen Sie sich selbst!

Wenn Sie sich dennoch dabei erwischen, sich selbst wieder und wieder mit Kritik, Vorwürfen und Selbstzweifeln zu geißeln, sagen Sie ruhig und mit einem offenen Herzen zu sich: *„Ich will diese Gefühle jetzt nicht mehr. Ich bin bereit, mich selbst anzunehmen, zu akzeptieren und zu lieben.“*

Affirmation:
„Ich liebe, achte und akzeptiere mich so, wie ich gerade jetzt in diesem Augenblick bin.“

Denken Sie immer an das universelle Gesetz: „Energie folgt der Absicht oder Aufmerksamkeit“. Daher bitte ich Sie, wirklich eine Zeit lang aufzuschreiben, was Sie alles über sich denken. Dies kann einen Tag lang sein oder eine Woche. Was dabei herauskommt, ist äußerst interessant. Beobachten Sie genau, wohin Sie Ihre Absicht und damit Ihre „Schöpfungskraft“ schicken. Sie sind ein mächtiges göttliches Wesen, das sich alle Dramen und Lebensumstände selbst kreiert. Die Macht Ihrer Gedanken und Gefühle ist immens. Nutzen Sie diese für sich und Ihr Leben, damit Sie endlich glücklich, gesund, reich und geliebt leben können.

Ihre Absicht sind Gedanken, verbunden mit Ihren Gefühlen, Ihren gesamten Energien, wodurch die treibenden Kräfte entstehen!

Die von Ihnen erfahrene Realität ist Ihr selbst geschaffenes Leben. Durch Ihre Gedanken und die dazugehörenden Gefühle erschaffen Sie sich Ihre eigene Realität. Daher denke ich, dass Sie es sich wert sind, regelmäßig diese Übung zu machen, um überprüfen zu können, was Sie denken und wirklich fühlen.

Seien Sie schöpferisch und nutzen Sie das Potenzial Ihrer Liebe zu sich selbst, indem Sie überprüfen, was Sie über sich, die Menschen, die Arbeit und die Welt denken. Finden Sie Ihre Ungleichgewichte heraus und arbeiten daran, indem Sie sich erlauben, diese zu verändern. Atmen Sie bei jeder Entscheidung tief in Ihren Bauch. Lassen Sie Ihre Ohren beim Atmen teilhaben, indem Sie dies hörbar machen. Korrigieren Sie Ihr Weltbild in Richtung Liebe, Frieden, Glück und Freude. Sie haben es sich verdient und sind gut genug dafür!

Mit Affirmationen bitte ich Sie nicht, Ihre Ängste und Gefühle zuzukleistern. Darum geht es nicht. Gefühle sind wichtig und müssen raus und gelebt werden.

Sagen Sie in jeder Situation „Ja" zu Ihren Gefühlen, indem Sie notfalls auf die Toilette gehen, um diese hochkommen zu lassen. Hinterfragen Sie nicht immer sofort: *„Warum fühle ich mich jetzt so?"*, sondern erleben Sie dieses Gefühl intensiv. Nehmen Sie es an, indem Sie „Ja" dazu sagen und es nicht unterdrücken. Seien Sie bereit, Ihre Gefühle zu durchleben. Atmen Sie dabei sanft und tief. Besonders negative oder unangenehme Gefühle wie Angst, Scham, Wut, Zorn, Unsicherheit etc. kommen so wieder zum Fließen. Dadurch wandeln sich Ihre sogenannten negativen Gefühle.

Werden Sie mutiger, indem Sie Ihre Gefühle z. B. dem anderen mitteilen: *„Du oder die Situation machen mich wütend. Ich fühle mich unwohl und hilflos."* Probieren Sie es aus, um anschließend festzustellen, wie Sie sich dabei fühlen, und was in Ihnen passiert. Zu Beginn ist es ungewohnt, Gefühlen Platz zu geben oder eine Stimme zu verleihen, doch Sie werden die Erleichterung und die Freiheit sehr schnell spüren. Bleiben Sie währenddessen ruhig und sachlich, dann wird die Freude in Ihr Leben einkehren. Versprochen!

Die Affirmationen helfen Ihnen zu Beginn Ihres Weges, neue Gedanken in Ihre Gedankenkonstrukte einzubringen, um Ihnen ein positives Grundgefühl, ein sogenanntes Wohlgefühl, zu verschaffen. Darum geht es im Prinzip: Egal, was mit Ihnen und der Welt passiert, verschaffen Sie sich ein positives Grundgefühl, mit Selbstannahme und Selbstachtung, damit Sie dies auch im Außen erfahren. Das ist das universelle Gesetz: wie innen so außen. Nach dem Gesetz der Anziehung und der Schwingung ziehen Sie so auch Dinge und Situationen in Ihr Leben, die mit diesem positiven Grundgefühl in Resonanz stehen.

Sie schaffen das! Ich weiß es. Es gehört nur ein bisschen Übung und Mut dazu. Fangen Sie am besten gleich damit an!

Beachten Sie dabei immer das universelle Gesetz: Du bist, was du denkst und was du fühlst! Ihr Leben wird sich so auf wunderbare Weise verändern!

Also entscheiden Sie sich hier und jetzt, ab sofort positiv von sich selbst zu denken und wählen Sie dann mit Bedacht und bewusst Ihre eigenen Gedanken.

Sie besitzen einen freien Willen und können diesen positiv für sich nutzen, wenn Sie sich dafür entscheiden. Es ist vielleicht nicht immer der bequemste Weg, jedoch befreiend. Ihr freier Wille beginnt bei Ihnen selbst, durch Ihre Gedanken und nicht erst beim Handeln. Entscheiden Sie, was Sie ab jetzt von sich denken, und wie Sie sich fühlen wollen.

Beobachten Sie bitte auch einmal, worauf Sie den ganzen Tag lang gedanklich ausgerichtet sind: Auf das, was Sie wollen, oder auf das, was Sie nicht wollen? Nein, ich bin kein Verfechter des Glaubenssystems, dass das Universum keine Verneinung hört. Ganz im Gegenteil. Doch wenn Sie die ganze Zeit Ihre Energie immer nur auf die Dinge und Erlebnisse konzentrieren, die Sie nicht möchten, wie soll dann bitte das, was Sie möchten, in Ihr Leben gelangen? Denken Sie zum Beispiel immer „Wenn das nur gut geht!" statt „Alles ist in Ordnung!". Oder denken Sie „Hoffentlich bin ich nicht krank!" statt „Wie schön, dass ich gesund bin!". Denken Sie „Ob das Geld diesen Monat noch reicht?" statt „Es ist genug Geld vorhanden!". Rufen Sie Ihren Kindern zu: „Rennt nicht herum!" oder „Lauft bitte langsam!" Bitten Sie Ihren Partner, pünktlich zu sein, oder sagen Sie: „Komm nicht zu spät!"

Worauf konzentrieren Sie Ihre Energie in Form von Gedanken und Worte? Seien Sie ehrlich zu sich selbst. Beobachten Sie sich dabei und dann fangen Sie an, Ihre Gedanken und Gefühle zu dem zu senden, was Sie tatsächlich wollen. Es ist dabei nicht so ausschlaggebend, welche Worte Sie verwenden, sondern welche Gefühle Sie dabei leben. Gegen welches Gefühl Sie sich sozusagen zur Wehr setzen. Welche Absicht oder welches Motiv liegt hinter Ihren Worten? Spüren Sie ganz tief in sich hinein, was Sie wollen, anstatt sich gegen das zu wehren, was Sie nicht wünschen. Unterstützen Sie Ihre Ziele unbedingt mit Ihren Gefühlen. Sie sind Ihre untrüglichen und unbestechlichen Wegweiser. Diese sagen Ihnen, ob Sie etwas zulassen oder sich gegen irgendjemanden oder irgendetwas wehren.

Übung:

Bitte nehmen Sie ein Blatt Papier und schreiben ganz groß darauf: Was will ich in meinem Leben?

Anschließend schreiben Sie alles nieder, was Ihnen dazu einfällt, was Sie wollen, was Sie sich wünschen, und wenn Sie möchten, was Sie dazu brauchen. Machen Sie es sich nicht unnötig schwer und fangen sofort damit an. Schreiben Sie den ersten Satz nieder.

Tragen Sie dieses Papier vier Wochen mit sich und lesen Sie das Geschriebene immer wieder durch. Sie werden überrascht sein, was Ihnen alles noch einfällt, Sie durch streichen und ersetzen. Dies ist eine lebendige Liste, also erwecken Sie diese und damit sich selbst zum Leben!

Sie werden geliebt, geschätzt und anerkannt, genauso, wie Sie jetzt im Augenblick sind. Sie verdienen das Beste und Sie verdienen es, ohne Bedingung geliebt zu werden. Lieben Sie sich jetzt wirklich selbst, denn es ist an der Zeit! Zeigen Sie sich selbst Ihre Eigenliebe, indem Sie darüber sprechen, was Sie möchten. Sie werden sehen, ihr Leben wird damit besser.

6. Ängste zulassen und auflösen

Angst ist ein großes Thema unserer Zeit. Angst um Geld, Erfolg, Gesundheit, Arbeit, Kinder, Zukunft etc.

Oft lähmt sie uns. Manchmal sogar so sehr, dass wir unfähig sind zu leben, zu genießen und zu lachen. Wir verfallen in Depression und sehen die Welt nur noch in dunklen Farben.

Dabei sollen wir doch positiv denken. Wie gehen wir am besten mit diesen Ängsten um?

Der effektivste Weg ist es, die Aspekte Ihrer Angst besser kennen zu lernen. Befreien Sie sich so selbst aus Ihrem Gefängnis und von allen Beschränkungen, um die uneingeschränkte Liebe zu sich selbst entfalten zu können. Lernen Sie frei und ohne Angst zu leben, kompromisslos zu sich selbst zu stehen, denn dann können die Farben Einzug in Ihr Leben halten.

Lassen Sie Ihre Angst zu, indem Sie diese nicht mehr länger aussperren. Verdrängen Sie Ihre Ängste nicht länger, sondern formulieren Sie diese, was auch gerne laut sein kann. Lassen Sie die Angst durch deren Annahme bewusst los und besetzen Sie die frei gewordenen Plätze mit Zuversicht und einem starken Sicherheitsgefühl. Sie hören dann auf, sich klein und ängstlich zu fühlen und können das Leben führen, das Sie sich schon immer ersehnten.

Ein Satz, der mir persönlich die Augen geöffnet, massive Veränderung bewirkt und mich am meisten nach vorne gebracht hat, lautet: „Die Hölle kreieren wir uns selbst durch unsere Gedanken und Glaubenssysteme." Wenn wir wissen, wie viel Wahrheit sich hinter diesen Worten verbirgt, wird dies unser ganzes Leben verändern. Lassen Sie diesen Satz auf sich wirken und denken darüber nach.

Bedenken Sie, welche Verantwortung Sie dadurch für sich selbst, Ihre Gedanken und Ihr Leben übernehmen. Ebenso die große Macht, die Sie als schöpferisches Wesen erreichen.
Gehen Sie sorgfältig damit und sich selbst um! Verlassen Sie Ihre Hölle, indem Sie Ihre Gedanken und den Glauben

über sich selbst ändern. Dadurch quälen Sie sich nicht mehr länger mit Ihren eigenen Ängsten und gehen ab sofort liebevoll und sorgsam mit sich um. All Ihre Ängste liegen in einer scheinbaren Zukunft, die im Moment nicht real ist! Sie selbst leben jetzt gerade, und meistens noch nicht einmal schlecht. Sie haben es warm, besitzen genug zu essen und sind sicher. Was macht Ihnen also wirklich in diesem Moment Angst?

Machen Sie sich Sorgen darüber, was geschieht, wenn Sie Ihre Ängste und Gedanken loslassen? Was geschieht, wenn Sie aufhören, an sich selbst und anderen zu zerren, Dinge und Meinungen zu erzwingen und sich und andere zu manipulieren, an den Dingen zu arbeiten und sich anzustrengen? Bereitet es Ihnen Angst, gelassen in die Zukunft zu blicken und im Hier und Jetzt zu leben?

Es geschieht gar nichts Nachteiliges, wenn Sie dies tun, versprochen. Sie kehren dadurch nur zu sich selbst und Ihrem Leben zurück. Probieren Sie es jetzt einfach aus, und testen Sie, ob Sie sich weit, eng oder leicht fühlen? Inwieweit eine Erleichterung in Ihr System einzieht und Ihre Gedanken ruhen? Probieren Sie es, denn es ist gar nicht so schwierig. Sehen Sie es als Training, das zur Gewohnheit wird. Nicht mehr und nicht weniger.

Machen Sie sich ab jetzt keine Sorgen mehr! Nehmen Sie an, dass es einfach so geschehen kann und Sie ohne Sorgen leben! Ebenso ohne Kontrolle, Kampf und Festhalten! Erkennen und lieben Sie sich selbst.

Sorgen und Ängste blockieren Ihre Energie, indem Sie diese auf diesen Mangelzustand fokussieren. Wollen Sie Ihre Gedanken wirklich weiterhin darauf konzentrieren? Ihre ganze Kraft, Ihre Schöpfung? Ist es das, was Sie sich erschaffen wollen? Denken Sie daran, dass Gedanken und Gefühle Energien sind, die immer der Absicht folgen (siehe Kapitel 5). Nun entscheiden Sie, worauf ab sofort Ihre Energie gerichtet ist. Auf Freude oder Angst? Es ist ganz allein Ihr Weg und Ihre Entscheidung, also setzen Sie Ihren freien Willen ein und wählen Sie.

Wenn eine vollkommene Anerkennung vorhanden ist, eine vollkommene Liebe für sich selbst, dann funktionieren alle Dinge in Ihrem Leben.

Wenn es einmal nicht einfach läuft, dann halten Sie einen Moment inne. Fragen Sie sich selbst: Warum mache ich es mir so schwer? Warum nehme ich den schwierigen Weg? Und dann lauschen Sie mal Ihrer inneren Stimme und nehmen Sie den ersten Impuls. Trauen Sie sich!

Und das Wichtigste, wenn Sie im Zweifel sind, was richtig und was falsch ist, dann wagen Sie einfach die neue Erfahrung. Tun Sie es und beobachten, was anschließend passiert! Lassen Sie es auf einen Versuch ankommen.

Angst hat auch oft den Zweck Sie von etwas abzuhalten. Fragen Sie sich also:
− Was brauche ich nicht zu tun, weil ich diese Angst habe?
− Welche Ausrede gibt mir die Angst?
− Wen kontrolliere ich mit meiner Angst?
− Wen strafe ich mit meiner Angst?
− Welches Bedürfnis liegt hinter meiner Angst?

Seien Sie ehrlich mit sich selbst, Sie werden überrascht sein. Bitte fragen Sie sich auch, ob die Angst überhaupt Ihre eigene ist oder ob Sie diese z. B. von den Eltern oder Großeltern übernommen haben. Falls Sie feststellen, die Angst übernommen zu haben, dann stellen Sie sich bitte die Person vor, von der Sie diese übernahmen und geben diese in Form eines ganz großen Steins zurück. Sagen Sie laut: *„Ich gebe dir deine Angst zurück. Sie gehört zu dir, in deine Zeit. Ich achte und ehre dein Schicksal."* Dann stellen Sie sich bitte vor, wie Ihr Gegenüber die Angst zurücknimmt und sagt: *„Ja, diese Angst gehört zu mir und zu meiner Zeit. Ich nehme sie zurück. Du bist jetzt frei. Gehe deinen Weg. Ich segne dich."*

Eine kleine Anmerkung sei mir hier erlaubt: Wie können Sie an Ihren Ängsten weiter festhalten, obwohl Sie wissen, Kraft Ihrer Gedanken und Gefühle Ihre eigene Realität zu erschaffen, Sie also Schöpfer sind? Sie somit Kraft Ihrer Gedanken und Gefühle Ihre Ängste wieder und wieder manifestieren (also in Ihr Leben bringen, da Sie diese mit Ihrer Energie füllen), anstatt einfach auf sich selbst und Ihre Zukunft zu vertrauen?

Sagen Sie jetzt erst einmal nichts. Lesen Sie den vorangegangenen Absatz einfach noch einmal und lassen Sie es wirken. Ihre Seele, Ihr System, ja sogar Ihr Körper verstehen mich, was ich deutlich sehen kann.

Wenn Sie verstehen, dass Sie die Ängste wie ein Peitschenmeister selbst geschaffen haben, dann können Sie Ihre Angstschöpfung genauso wieder auflösen.

Dazu braucht es nicht mehr als ein Anerkennen, ein Lieben und ein Fühlen Ihrer Ängste. Ja, es ist so einfach. Probieren Sie es aus! Geben Sie nach dem ersten Versuch nicht auf. Beachten Sie, wie lange Sie schon mit Ihrer Angst leben, daher braucht es ein bisschen Zeit und Energie, diese wieder fließen zu lassen. Und fühlen Sie diese wirklich. Schieben Sie

Ihre Ängste nicht länger beiseite, sondern gehen Sie mitten in diese Gefühle hinein.

Dieses Annehmen und Lieben Ihrer Ängste setzt eine unglaubliche Menge von Energien frei, die Sie auf äußerst kreative Weise für Ihr weiteres Leben nutzen können. Hören Sie auf, die Ängste wegmachen zu wollen. Denn je mehr Sie Ihre Ängste bekämpfen, desto größer werden diese. Sagen Sie *„Ja"* zu Ihren Ängsten, denn auch diese sind Ihre Schöpfung. Die sogenannten Schattenenergien sind ein Teil von Ihnen und wollen anerkannt und geliebt werden. Sagen Sie einfach nur *„Ja"* zu Ihren Ängsten und trauen Sie sich, diese zu fühlen. Akzeptieren Sie, dass Ihre Ängste Ihre Schöpfungen sind, denn dann können Sie neu wählen und sich eine andere Wirklichkeit erschaffen.

Dann erkennen Sie, wie viel Platz Sie damit in Ihren Gedanken und Gefühlen schaffen. Welch innere Ruhe sich in Ihnen ausbreitet. Welche neuen Entscheidungen Sie treffen können, weil Ihren Gedanken mehr freie Kapazität zur Verfügung steht, da Sie sich selbst nicht mehr ständig mit irgendwelchen illusionären Ängsten herumquälen.

Sie verlassen die Angstspirale, wodurch die Bilder Ihrer negativen Zukunft verschwinden. So ist es möglich, jeden Augenblick bei sich selbst bleiben zu können. Dies ist ein wunderschöner Zustand, den Sie unbedingt ausprobieren sollten. Fangen Sie jetzt damit an. Ich verspreche Ihnen: Es lohnt sich.

Übung:
1. Atmen Sie tief und gleichmäßig, um ruhig zu werden. Wandern Sie gedanklich bewusst durch Ihren ganzen Körper und entspannen dabei Ihre Augen, Ihre Nase, Ihre

Ohren, Ihre Kopfhaut, Ihren Mund, Ihre Kiefermuskulatur, Ihre Lunge, Ihren Hals, Ihren Nacken, Ihre Schultern, Ihre Brust, Ihre Arme, Ihre Hände, jeden einzelnen Finger, Ihren Rücken, Ihren Bauch, Ihren Magen, Ihre Bauchspeicheldrüse, Ihre Nieren, Ihren Hintern, Ihr Becken, Ihren Unterleib, Ihre Beine, Knie, Füße und Zehen.

2. Stellen Sie sich gedanklich einen wunderschönen und sicheren Ort vor. Visualisieren Sie diesen mit allen Details. Malen Sie diesen Ort in Ihrer Vorstellung richtig lebendig aus. Nehmen Sie alle Gerüche wahr und hören die Geräusche. Beobachten Sie jedes Detail.

3. Anschließend nehmen Sie einen tiefen Atemzug und gehen gedanklich an diesen Ort. Sie sind jetzt mittendrin, ein Teil dieses Ortes, der sicher und beschützt ist.

4. Blicken Sie um sich und genießen Sie Ihr Dasein, sowie die Gefühle von Sicherheit und Geborgenheit, welche Ihnen dieser Ort vermittelt.

5. Wenn Sie sich richtig sicher fühlen, dann konfrontieren Sie sich mit Ihrer Angst. Schauen Sie ihr ins Auge, indem Sie eine Liste mit all Ihren Ängsten schreiben.

6. Jetzt danken Sie Ihrer Angst und erkennen diese als einen natürlichen Teil Ihres Selbst an.

7. Lieben und fühlen Sie diese Angstenergie und nehmen diese bewusst wahr. Atmen Sie sich vollständig durch die Angstgefühle hindurch, denn Sie sind in Sicherheit und geschützt.

8. Danach können Sie den Raum z. B. räuchern oder lüften, und wenn Sie möchten, verbrennen Sie die Liste. Machen Sie ruhig ein kleines Ritual daraus.

9. Verzeihen Sie sich selbst und nehmen Sie sich einen Moment in die Arme. Sagen Sie sich, wie mutig und wundervoll Sie sind, und was Sie Großartiges leisten. Sie dürfen stolz auf sich sein.

Ängste verlieren an Macht, wenn Sie diese ins Licht Ihres Bewusstseins hervorholen.

Tun Sie es, denn es kann einfach sein und trotzdem braucht es Mut. Seien Sie mutig und beginnen mit dem ersten Schritt.

Es geht letztendlich darum, zu erkennen, wann Sie Angst haben, da sie eine tiefe Kraft, eine Sogkraft, besitzt. Dadurch macht Angst innerlich eng. Wenn Ihnen klar ist, wie sich die Angst in Ihrem Körper anfühlt, erkennen Sie die Ängste ab diesem Zeitpunkt schon im Vorfeld, bevor sich diese in Ihrem Gehirn ausbreiten.

Nehmen Sie Ihre Angst und damit die Enge, die diese in Ihnen schafft, bewusst wahr.

Verinnerlichen Sie sich die Bedeutung des Wortes Angst, um dessen Potenzial zu erkennen. Denn das Gegenteil von Angst ist Liebe, die Tiefe, die Größe und die Kraft von Liebe! So dürfen Sie mit Ihren Ängsten auch ganz einfach ruhig werden. Wenn Sie an die andere Seite der Angst, also an die Liebe denken, dann verspüren Sie Ihre innere Weite darin. Das ist das Potenzial der Liebe. Wenn Sie also ab jetzt Angst verspüren und alles in Ihrem Inneren eng ist, dann holen Sie sich die Liebe zu sich und spüren, wie mit ihr alles in Ihnen weit wird.

Das ist eine mächtige Übung. Probieren Sie es z.B. in Gesprächen aus, wenn Ihr Gegenüber bei Ihnen Ihre Angstmaschinerie anwerfen möchte. Sie nehmen dem anderen so den Wind aus den Segeln und treffen dadurch ruhige selbst zentrierte Entscheidungen, die Ihr Wohl unterstützen und nicht auf der Grundlage einer illusionären Angst getroffen wurden. Mit anderen Worten: Sie schaffen sich so eine neue Lebensqualität.

Übung:

Denken Sie über die folgende Weisheit nach:

Das Schicksal der Menschen formt sich durch das,
was diese glauben und fürchten!

Fragen Sie sich:
„Was fürchte ich immer noch?
Was glaube ich immer noch?"

Machen Sie es sich nicht unnötig schwer. Gehen Sie Schritt für Schritt diesen Prozess an. Sie werden einiges auf Ihrer Reise entdecken. Holen Sie den Entdecker in Ihnen heraus und vergessen Sie dabei nicht, die Reise zu genießen. Blicken Sie auf Ihre Erfolge und nicht nur auf das, was Sie noch alles tun möchten.

Ich bin stolz auf Sie, da Sie in diesem Kapitel und durch die Übungen sehr viel geleistet und somit einen wesentlichen Baustein für Ihr glückliches Leben gelegt haben. Sie sind ein Sonnenkind und sollten dieses neue Gefühl genießen, ebenso die innere Weite. Speichern Sie dieses Gefühl, damit Sie es immer wieder abrufen können.

Wenn Sie irgendwann so weit sind, dann bitten Sie Ihr Höheres Selbst, Ihre Seele, die Essenz oder Gott, wie Sie es auch immer nennen möchten, darum, Ihnen jetzt alle Ängste und unerledigte Themen zu zeigen.

Jetzt sind Sie bereit, diese anzunehmen und aufzulösen. Doch wie gesagt, erst dann, wenn Sie wirklich bereit sind.

Es findet kein Wettbewerb statt, nehmen Sie sich die Zeit, die notwendig ist.

7. Auf sich selbst konzentrieren

Bemühen Sie sich nicht länger, anderen gefallen zu wollen. Hören Sie auf, es anderen Menschen recht zu machen, denn jetzt ist der Zeitpunkt dafür gekommen.

Sie wissen, dass Sie es anderen Menschen nie wirklich recht machen und diesen immer gefallen können. Dies wird nie wirklich gut funktionieren, denn Sie müssen dazu ein Stück von sich selbst aufgeben. Konzentrieren Sie sich also nicht länger auf die Anerkennung von außen, das Lob oder das Dazugehören. Befreien Sie sich von dieser Last und seien Sie endlich Sie selbst. Dies geht viel einfacher als Sie glauben. Bleiben Sie in Ihrer Aufmerksamkeit ab jetzt in sich selbst – Ihrem Liebesmodus – einfach selbstfokussiert.

Affirmation:
„Ich erlaube meiner Wahrnehmung, sich in mir auszudehnen. Mein Blick ist nach Innen auf mich selbst fokussiert. Mein Leben ist einfach und ich bin glücklich."

Bringen Sie den Mut auf, um sich dies zu erlauben. Mehr ist nicht zu tun und es wird geschehen. Es liegt in Ihnen!

Sie fragen sich jetzt, wie Sie es erreichen, sich nicht mehr von anderen aus Ihrem Gleichgewicht bringen zu lassen?

Seien Sie offen und verdichten Sie Ihre Energie, indem
– Sie in Harmonie mit sich selbst leben,
– Sie innerlich ruhig und weit sind,
– Sie sich so annehmen, wie Sie sind, denn dann nehmen Sie auch den anderen neutral wahr und lassen sich nicht mehr von seiner Energie mitreisen.

Wenn Sie aufhören, sich selbst und andere zu kritisieren, zu urteilen, selbst wenn es nur in Gedanken ist, stellen Sie fest, dass Ihnen die Menschen verändert begegnen. Zeigen Sie Geduld, denn es kann einige Zeit dauern, die kritische Haltung in eine offenere, liebevolle, urteilsfreie umzupolen. Es ist nur Gewohnheit, also vertrauen Sie sich auch hier, dass dies gelingt. Erkennen Sie jeden Ihrer positiven Schritte, jeden Fortschritt an, indem Sie sich loben und seien Sie stolz auf sich selbst! Konzentrieren Sie Ihr Bewusstsein auf Ihre Liebe zu sich selbst. Dies ist der elementarste Schritt.

Beachten Sie beim Umgang mit anderen Menschen, dass jede negative Annahme oder Erwartung, die Sie einem anderen Menschen gegenüber zeigen, ein Kraftfeld erzeugt. Dies entsteht durch die Kraft Ihrer Gedanken und Gefühle, die Sie aussenden. Damit bewirken Sie, dass sich der andere genauso verhält, wie Sie es in der negativen Form erwarten, denn wir stehen über ein feinstoffliches Feld mit jedem und allem im Universum in Verbindung!

Das universelle Gesetz hinter diesem Phänomen ist das Prinzip der Resonanz. Ihre Gedanken und Gefühle treten in Resonanz mit ähnlichen Gedanken und Gefühlen. Der andere schwingt sozusagen ähnlich wie Sie.

Nach dem Prinzip der Resonanz nehmen wir ständig bewusst oder unbewusst Einfluss auf unsere Umwelt, und umgekehrt. Wir werden durch unsere Umwelt bewusst oder unbewusst beeinflusst.

Für alle Frauen unter den Lesern: Nein, Sie können keinen Menschen ändern! Nehmen Sie diesen an, wie er gerade ist, oder lassen Sie es.

Sie können ausschließlich sich selbst, Ihr Denken, ändern und damit auch Ihr Außen. Doch es beginnt immer mit Ihnen und nicht beim Partner, Chef, den Kindern oder der Freundin etc. Wenn Sie nur die Hälfte der Energien, die Sie in die Veränderung anderer Menschen investieren, für sich selbst nutzen, verändern Sie Ihre Welt – versprochen! Probieren Sie es! Lieben Sie sich selbst dabei, was der Schlüssel zum Erfolg ist, und ab da werden Sie sich bedingungslos lieben, um die Gesellschaft von destruktiven Menschen zu verlassen. Sie verdienen Liebe und Respekt. Leben Sie beides.

Selbstfokussiert zu sein ist auf Ihrem Weg einer der wichtigsten Bausteine. Nein, es ist absolut kein Egoismus. Bleiben Sie in Ihrer Aufmerksamkeit bei sich selbst. Sie stellen den Mittelpunkt Ihres Universums dar und das ist vollkommen in Ordnung.

Überprüfen Sie selbst, ob Sie gedanklich in sich ruhen oder an andere denken (= du-fokussiert).

Auf sich selbst fokussiert zu sein bedeutet, sich auf seine eigenen Angelegenheiten und Gefühle zu konzentrieren.

Übung:

Haben Sie sich schon einmal Gedanken darüber gemacht, zu wie viel Prozent Sie sich um sich selbst, um das Wesentliche in Ihrem Leben, kümmern? Wie viel Prozent Ihrer Gedankenenergie stecken Sie in die Angelegenheiten Anderer?

Sind Sie bitte ehrlich mit sich selbst und erschrecken nicht über das Ergebnis – o. K. Ich bin bei Ihnen.

Seien Sie ab jetzt selbstfokussiert, indem Sie sich dazu entscheiden und danach handeln. Atmen Sie dabei bewusst und laut in Ihren Bauch während Sie laut sagen: *„Ich entscheide mich ab jetzt selbstfokussiert und -zentriert zu leben. Ich* *liebe mich dafür. Es ist in Ordnung, selbst mein Mittelpunkt zu sein!"* Sie erkennen sehr schnell, was sich in Ihrem Leben im Innen und damit auch im Außen verändert.

Wenn Sie selbstfokussiert sind, dann sind Sie bei Gesprächen mit anderen Menschen in Ihrer Aufmerksamkeit bei sich und bekommen mit, welche Gefühle die Worte bzw. die Unterhaltung in Ihnen auslösen und welche Mechanismen der andere versucht, bei Ihnen anzustoßen. Außerdem erkennen Sie, welche Motive Ihr Gegenüber hat. Ob er aus Angst heraus spricht, oder aus Liebe. Ob er zum Beispiel etwas von Ihnen braucht oder haben will und ob Sie ihm wirklich etwas geben wollen etc. Sie können dann wirklich aus dem Moment heraus entscheiden und handeln und sind jederzeit mit sich selbst verbunden.

Selbstfokussiert sein bedeutet also, eine große Liebe zu sich selbst zu leben. Wenn Sie sich liebevoll um sich selbst kümmern, sind Sie für andere (Ihren Partner, Ihre Kinder, Ihre Freunde, Ihre Kollegen etc.) ein wunderbares Vorbild.

Stellen Sie sich die Welt vor, wenn sich jeder als Erstes liebevoll um sich selbst kümmert. Wäre diese nicht deutlich problemloser?

Nicht stöhnen, denn dies bedeutet nicht, dass Sie ab jetzt nicht mehr mitfühlen oder einem anderen helfen dürfen. Nein! Zuerst kümmern Sie sich um sich selbst und warten, bis der andere Ihnen wirklich erlaubt, sich seiner Angelegenheiten anzunehmen. Sind Sie ehrlich zu sich selbst: Wir sind gerne du-fokussiert, weil es leichter ist, sich mit den Angelegenheiten eines anderen auseinander zu setzen als mit unseren eigenen.

Diese neue Selbstliebe führt dazu, dass Sie ab jetzt genug mit sich selbst zu tun haben und fallen somit automatisch aus der Rolle dessen, der die anderen ständig innerlich kritisiert. Sie denken liebevoller, da Sie erkennen, dass der andere und Sie selbst in den Momenten der Handlung meistens gar nicht anders reagieren können. Hier liegt Ihre große Chance, die Sie nutzen sollten. Es ist alleine Ihre Entscheidung. Sie haben jetzt die Wahl, wie Sie leben wollen. Also entscheiden Sie sich bitte!

Das universelle Gesetz „Wie Innen, so Außen" gibt Ihnen die Richtung vor: Wenn Sie etwas in Ihrem Leben verändern wollen, beginnen Sie bei sich selbst, also in Ihrem Inneren.

Erkennen Sie die Menschen, Dinge und besonders sich selbst, so wie sie wirklich sind. Betrachten Sie Ihre Welt durch eine neutrale Brille, vorurteilsfrei und ohne vorschnelle Meinungen. Beobachten Sie sich selbst im Umgang mit anderen Menschen, um festzustellen, dass Ihre Art und Weise, wie Sie sich selbst und anderen gegenüber verhalten, nicht immer im Einklang mit Ihrem Innersten steht. Sie tragen meist keine neutrale Brille, sondern eine speziell mit Ihrem Glaubenssystem gefärbte.

Erst wenn Sie feststellen und akzeptieren, dass keiner die Dinge so sieht wie Sie, weil Sie durch Ihre Erfahrungen und Ihr Glaubenssystem geprägt sind, beginnen Sie, Ihre Welt, sich selbst und alles andere neutraler wahrzunehmen. Nutzen Sie dieses Geschenk in Ihrem täglichen Leben. Es ist die Feststellung, dass jeder durch seine einzigartige Brille sieht und wir alle weit von der Objektivität entfernt sind. Hören Sie auf, Ihre Energie zu verschwenden und sich den Kopf für andere zu zerbrechen, was diese von Ihnen denken oder meinen, und konzentrieren Sie sich endlich auf sich selbst und Ihr Leben.

Je neutraler und urteilsfreier Sie die Welt sehen, umso mehr werden Sie die Menschen Ihrer Umgebung verstehen.

Wenn Sie sich lieben, benötigen Sie keine Vorurteile, keine Voreingenommenheit und keine gefärbte Brille. Sie müssen nicht mehr alles kontrollieren und kategorisieren. Sie können mit dem Wandel der Zeit fließen und jeden Menschen so annehmen, wie er gerade ist, weil Sie sich selbst akzeptieren.

Wenn Ihr Glück davon abhängt, was jemand anderes über Sie denkt oder nicht, dann bauen Sie sich selbst eine Falle, aus der Sie nur schwer herauskommen. Sie können andere weder kontrollieren noch ändern, sondern nur sekundär beeinflussen, was der andere denkt, oder wie er handelt. Also lassen Sie es. Es ist wahre Freiheit zu erkennen, dass Ihr Glück von niemandem anderen abhängt, als von Ihnen selbst. Wahre Freiheit findet in Ihrem Innersten statt. Hören Sie in erster Linie auf Ihr Herz und nicht auf andere Menschen. Das bedeutet Glück, Freiheit und Selbstliebe.

Übung:

Loben Sie einen ganzen Monat lang sich und auch andere gedanklich und in Worten, statt zu kritisieren und herabzusetzen. Probieren Sie es aus und wenn es einmal nicht so klappt, wie Sie sich dies vorstellen – nicht verzweifeln, sondern einfach weitermachen. Achten Sie darauf, keinerlei Witze oder sarkastische Bemerkungen über sich, andere und die Welt von sich zu geben. Sprechen und denken Sie in dieser Zeit nicht verächtlich über andere Frauen oder Männer.

Sie werden nach diesem Monat neue Leichtigkeit und eine Verbesserung in Ihrem Leben erkennen. Ihr Unterbewusstsein erhält in diesem Monat völlig neue Impulse und akzeptiert dadurch Ihr neues Denken, auch wenn Sie noch in der Trainingsrunde sind. Verinnerlichen Sie sich, dass Ihr Unterbewusstsein alles glaubt, was Sie denken, fühlen und sagen.

Es wird im Allgemeinen wie auch in diesem Buch sehr viel über Bewusstsein und Unbewusstes gesprochen bzw. geschrieben. Was ist damit gemeint? Unbewusstes nehmen wir noch nicht bewusst wahr, weil wir uns dessen gar nicht bewusst sind. Es hat sich im materiellen Bereich noch nicht manifestiert, weshalb wir es als getrennt von uns, völlig außerhalb unserer Welt, erleben. Irgendwann erhalten wir neue Erkenntnisse, z. B. über dieses Buch oder ein Gespräch. So erfahren wir Bewusstsein, da wir etwas selbst durch unsere eigenen Erfahrungen erkennen. Es geschieht, weil wir Veränderung erfahren oder Wissen sammelten, um so in unserem Unterbewussten uns den Dingen bewusst werden. Unser Bewusstsein wird erweitert. Das ist damit gemeint, wenn in unserer Welt von Bewusstseinserweiterung gesprochen wird.

Gestehen Sie sich ausreichend Zeit zu, um Ihre Selbstliebe zu erlernen und neu zu programmieren. Auch wenn Sie sich zu Beginn unwohl fühlen, machen Sie trotzdem weiter. Sie befinden sich auf einem wirklich guten Weg, auf dem Sie nicht nach drei Minuten alles perfekt beherrschen bzw. umsetzen müssen. Verinnerlichen Sie es sich einfach und ehrlich: Wir wissen doch alle, dass „Gut Ding Weile braucht". Seien Sie geduldig mit sich und vergessen Sie nicht, sich selbst zu lieben und zu loben. Diese Einstellung macht vieles leichter und Sie gehen mit Freude weiter! Vergessen Sie niemals: Es geht um Ihre Freude und Leichtigkeit. Sie haben ein Geburtsrecht darauf!

Das Beste an der Selbstliebe und beim Selbstfokus ist, dass, wenn Sie sich selbst gerne fühlen und wahrnehmen,

Sie automatisch Ihre innere Stimme, Ihre Führung oder Ihre Intuition, mitfühlen. Ist das nicht der Zustand, nach dem Sie sich sehnen? Der wahre Kontakt zu sich selbst? Nach Ihren wahren Gedanken und Gefühlen, nach Ihrer Mitte? Sie sind gerade dabei, diesen Weg zu beschreiten. Herzlichen Glückwunsch, und weiter so!

8. Aussöhnen mit seinen eigenen Schwächen

Egal, wie Sie sind, ob traurige oder fröhliche Stunden, seien Sie jederzeit völlig mit sich einverstanden. Beenden Sie den inneren Kampf gegen sich selbst. Söhnen Sie sich mit Ihren Schwächen aus, indem Sie diese lieben und akzeptieren. Schwäche wird von „schwach sein" abgeleitet; doch nur starke Menschen erlauben sich, Schwäche zu leben. Schwäche hat nichts mit Jammern und Schimpfen zu tun. Schwäche bedeutet, in bestimmten Situationen einen Schritt zurückzutreten, sich helfen zu lassen, sich anzulehnen und niedrig schwingende Gefühle zuzulassen. Nicht mehr und nicht weniger. Schwach zu sein, trägt sehr viel Stärke in sich.

Übung:
Schließen Sie Ihre Augen, atmen Sie ruhig durch die Nase ein und spüren Ihren Körper dabei. Atmen Sie fünfmal bewusst tief ein und durch den Mund aus, bis in Ihren Bauchraum. Visualisieren Sie anschließend vor Ihrem inneren Auge eine Kampfarena. Spüren Sie die Luft, ob es dort warm oder kalt ist? Stellen Sie sich gedanklich in die Mitte Ihrer Arena. Betrachten Sie den Boden unter Ihren Füßen. Welche Farbe hat er? Ist er trocken? Staubt der Boden? Betrachten Sie, ob Zuschauer in Ihrer Arena sind, und falls ja, ob Sie diese erkennen können?

Dann betrachten Sie sich und alles, was Sie tragen. Blicken Sie an sich herunter. Lassen Sie sich Zeit und schauen Sie sorgfältig hin. Tragen Sie ein Kettenhemd, eine Rüstung, Waffen, einen Helm, Stiefel etc.? Ja, dann legen Sie die Uniform, den Säbel, das Gewehr, den Helm etc. in Gedanken ab. Genau in diesem Moment. Legen Sie alles ab, bis Sie völlig unbekleidet und Sie selbst ohne Masken und Schleier sind. Weg und runter damit. Entscheiden Sie sich, frei zu sein, indem Sie den Kampf gegen sich selbst und gegen Ihr Leben in diesem Moment beenden. Atmen Sie tief durch. Fühlen Sie die Leichtigkeit in Ihrem Körper, wie es sich anfühlt, nicht gepanzert und aufgerüstet zu sein? Spüren Sie die aufkommende Leichtigkeit? Prüfen Sie, ob noch Schmuck, ein Keuschheitsgürtel oder irgendetwas anderes in Ihrem Haar oder in Ihrem Mund ist und nehmen Sie dies auch ab oder heraus. Wenn Sie sich leicht und frei fühlen, dann hüllen Sie sich in ein weiß-goldenes Chiffontuch und verlassen gedanklich die Kampfarena. Laufen, rennen, tanzen oder hüpfen Sie heraus – egal wie, gehen Sie. Lassen Sie die Kampfarena hinter sich. Atmen Sie dabei tief durch, wie Sie es bereits kennen.

Ja, es kann so einfach sein. Wählen Sie den Frieden mit sich und Ihrem Körper. Nur Mut! Wiederholen Sie intuitiv diese oder jede andere Übung, sooft Sie es für notwendig halten. Sie wissen, wann Sie was in welcher Intensität benötigen. Sagen Sie: *„Ja, es kann für mich so einfach sein!"*

Distanzieren Sie sich von den vorgegebenen Wertvorstellungen der Welt und hören Sie auf, mit Ihren Gedanken ständig Ihren inneren Ruhepol zu verlassen oder sich von Ihrem Gefühl abtrennen.

Selbsthass, Selbstkritik und Schuldgefühle machen Sie krank, indem sich der innere Druck erhöht, wodurch Stress erzeugt wird. Sie laufen Gefahr, ein Opfer Ihrer selbst zu werden, denn genau diese Selbstkritik trennt Sie von sich.

Sie dürfen Dinge „falsch" machen oder „falsche Entscheidungen" treffen. Sie dürfen etwas „Dummes" sagen und sich auch „lächerlich" machen, oder „Schlamassel" anrichten, es ist menschlich. Niemand verlangt von Ihnen ständig, der perfekte Übermensch zu sein. Hand aufs Herz, Sie wissen, dass es diesen Menschen nicht gibt.

Hören Sie auf, sich zu kritisieren! Jetzt auf der Stelle. Lassen Sie Ihren inneren Richter endlich verstummen. Schicken Sie ihn in den Ruhestand! Vergeben Sie sich und anderen alles, was war. Leben Sie bewusst im Hier und Jetzt. Nehmen Sie jede Ihrer Schwächen an, die notwendig waren, um sich irgendetwas bewusst zu machen. Danken Sie Ihren Schwächen, akzeptieren Sie diese und Ihre Angst, wodurch auch vermeintliche Schwächen angenommen werden. So wandeln Sie diese in Stärke um. Sie sind ein kraftvoller Mensch. Glauben Sie daran.

Statt sich ständig nur auf Ihre Schwächen, Mängel und alles, was Sie nicht tun oder können, und auf alles, was an Ihrem Körper nicht schön ist, zu konzentrieren, bitte ich Sie, sich auf das zu fokussieren, was an Ihnen schön ist. Ebenso auf das, was Sie können und alles in Ihrem Leben leisten. Drehen Sie den Spieß um, indem Sie Ihren Blickwinkel ändern. Bemerken Sie, was alles Schönes, Wunderbares und Einzigartiges an Ihnen ist und atmen Sie dabei den Frieden ein, auch wenn es erst einmal ungewohnt ist. Probieren Sie es so oft wie möglich!

Übung:
Stellen Sie sich hin und umarmen sich. Sagen Sie laut: *„Ich liebe mich, wie ich jetzt bin. Ich liebe mich jetzt wirklich."* Wie-

derholen Sie diesen Satz ganz oft, wie ein Mantra. Tun Sie dies morgens nach dem Aufstehen oder abends, bevor Sie ins Bett gehen, mindestens einen Monat lang.

„Warum mindestens eine Monat lang?", wird der eine oder andere Leser fragen. Ganz einfach: Alles, was Sie bisher von sich glaubten, wurde ein Leben lang in Ihr Glaubenssystem eingebrannt. Wir beginnen nun, dies Stück um Stück zu korrigieren.

Wenn sich diese beiden Sätze wirklich gut und stimmig für Sie anfühlen, dann breiten Sie die Arme aus, als ob Sie die Welt umarmen wollten und sagen laut: *„Ich bin bereit für die Liebe! Ich verdiene die Liebe! Ich lasse ab jetzt Nähe und Liebe zu."*

Probieren Sie die Sätze in verschiedenen Lautstärken aus, wenn Sie mutig und in Ihrer Kraft sind. Experimentieren Sie mit dieser Übung z. B. bei einem Waldspaziergang, morgens, wenn Sie sich vor dem Spiegel die Haare kämmen, abends, wenn Sie sich die Zähne putzen, auf dem Weg zur Arbeit oder im Supermarkt. Jeder Ort ist in Ordnung, solange Sie sich befreit und wohl dabei fühlen. Hören Sie bitte nicht damit auf, nur weil es ungewohnt ist. Um eine bleibende Wirkung zu erreichen, bedarf es einer kontinuierlichen Übung. Also fangen Sie am besten gleich an. Los, legen Sie das Buch weg und verkünden Ihre Liebe! Tun Sie es, denn von alleine wird sich nicht viel ändern. Es gehört schon Disziplin und handeln wollen dazu. Sie schaffen das, ich glaube an Sie!

Wenn Sie bei sich und Ihrem Körper angekommen sind, sich also vollständig als Einheit fühlen, dann nehmen Sie sich bitte ein Blatt Papier und einen Stift, um eine Liste zu erstellen. Darauf schreiben Sie nieder, was alles an Ihnen und Ihrem Körper schön ist und Sie gut können. Stecken Sie diese Liste ein und wenn Sie sich mal wieder negativ bewerten oder gar hassen, dann lesen Sie diese durch. Ebenso, wenn Ihnen jemand sagt, was an Ihnen schön ist oder Sie gerade gut gemacht haben, dann nehmen Sie die Liste heraus und ergänzen diese. Lesen Sie die Liste regelmäßig. Zum Beispiel vor dem Einschlafen oder mittags auf dem Sofa, wann immer Ihnen danach ist. Nur tun Sie es, damit sich Ihr Fokus vom Mangel (alles, was an Ihnen nicht perfekt ist und Sie nicht können, und wo Sie überall hässlich sind) hin zum Selbstwert (zum Schönen und Einzigartigen) dreht.

Denken Sie einmal über den folgenden Satz nach, den Sie bestimmt schon gehört haben: „Nur wenn Sie sich selbst lieben, können Sie andere Menschen lieben."

Spüren Sie tief in Ihrem Inneren in die Wahrheit dieser Worte. Erkennen Sie, wie schnell Sie bei Menschen, die Sie wirklich mögen, über Schwächen und Schönheitsfehler hinwegsehen können. Warum sollte Ihnen das bei Ihnen selbst nicht auch gelingen?

Sie selbst sind Ihr bester Freund und in den stillen Stunden ab jetzt wirklich gerne mit sich selbst zusammen. Sie sind vollkommen, trotz Ihrer vermeintlichen Schwächen. Diese stellen einen besonders geliebten und bejahten Teil Ihres Selbst dar. Sie sind in jeder Sekunde Ihres Lebens geliebt, und ja, Sie dürfen auch schwach sein. Genießen Sie diese Momente, nur so werden Sie endlich lebendig.

Ab sofort schauen Sie auf die schönen Dinge an Ihnen, auf alles, was Sie können und leisten. Sie werden feststellen, wie viel das ist! Sie sind wertvoll, wunderbar und einzigartig – mehr noch, als Sie sich das heute vorstellen können.

9. Ihr Weltbild prüfen und anpassen

Sie wissen bereits, dass Sie mit allem, was Sie über sich glauben und denken, Ihre Liebe zu sich selbst programmieren.

Doch Sie denken nicht nur Gedanken über sich selbst, sondern über noch viel mehr wie z. B. über die Welt, Arbeit, Politik etc.

Bitte überprüfen Sie Ihre Grundeinstellung zu all diesen Themen. Falsche Ansichten bringen sehr viel Unfrieden, Unzufriedenheit und Unglücklichsein in Ihr Innerstes, und halten Sie davon ab, sich so zu lieben, wie Sie sind.

Übung:
Schreiben Sie zu den nachfolgenden Themen auf, was Sie darüber denken:
— Ihre Arbeit
— Ihren Partner
— Ihre Familie
— Ihre Kinder
— Ihre Freunde
- Ihr Leben
— sich selbst
— Liebe

Gedanken und Gefühle, die Sie zu den eben aufgeführten Punkten erzeugen, spiegeln Ihre inneren Einstellungen wider und formen so Ihr Leben.

Sie entdecken schnell, ob Sie ein Mensch des Friedens, der Freude und der Harmonie sind, oder ob Sie schreckliche Gedanken und Ängste in die Welt tragen. Spiegelt sich Ihre innere Einstellung in Ihrer Außenwelt wider, in Ihrer Arbeit, bei den Menschen, die Sie begleiten, etc.?

Übernehmen Sie die Verantwortung für sich, Ihre Gedanken, Gefühle und damit auch für Ihre Welt und Ihren Alltag.

Da Sie wissen, dass Ihr Unterbewusstsein alles glaubt, was Sie denken, seien Sie bitte ehrlich zu sich selbst. Wenn Ihnen nicht gefällt, was Sie denken, dann fragen Sie sich, was sich ändern soll und Sie stattdessen denken wollen, statt weiterhin von den schlechten Zuständen in Ihrer Familie, Ihrer furchtbaren Arbeit, über Ihre faulen Kindern etc. zu klagen. Nehmen Sie einen tiefen Atemzug und entscheiden Sie sich bewusst, was Sie künftig über die oben aufgelisteten Punkte denken wollen. Dann trainieren Sie diese neuen Gedanken, indem Sie an alles denken, für das Sie dankbar sein können, worüber Sie sich freuen und vergessen Sie dabei nicht, stolz auf sich selbst zu sein.

Beobachten Sie eine Zeit lang Ihre Mitmenschen und hören genau zu, was Ihr Umfeld erzählt, denkt und worüber sich andere Menschen beklagen. Beobachten Sie, welche Gefühle oder Ängste dies in Ihnen herruft. Sie werden überrascht sein, mit welcher Einstellung manche Menschen durch die Welt gehen. Erfassen Sie genau, wie sich diese Einstellung im Leben der Menschen widerspiegelt, und vor allem, wie die Menschen so ihr Leben und Schicksal formen.

Hören Sie ab jetzt auch sich selbst aufmerksam zu, was Sie ständig sagen. Erzählen Sie überwiegend von positiven oder negativen Ereignissen? Dies hilft Ihnen, die Veränderungen in Ihren Gedankengängen zu erkennen. Ich selbst entdecke auch immer noch behindernde Glaubenssätze, doch ich arbeite daran. Gehen Sie diesen Prozess an. Denken Sie immer wieder an das universelle Gesetz: Du bist, was du denkst.

Übung:

Schreiben Sie nieder, mit welcher Grundeinstellung Sie durch den Tag gehen. Sind Sie ein Mensch des Friedens und der Freude, der ein Lächeln in seinem Gesicht hat und dem seiner Mitmenschen zaubert? Oder gehören Sie zu denen, die trennen, andere ver- und beurteilen und Depression oder negative Stimmung verbreiten? Einen Sie Menschen harmonisch oder sind Sie ein ewiger Querulant und Quertreiber? Vertrauen Sie anderen oder verbreiten Sie Neid und Missgunst bei den Menschen? Was sind Ihre wesentlichsten Gedanken zu sich, den anderen und Ihrer Umwelt?

Erstellen Sie sich ein ehrliches Bild. Seien Sie mutig und blicken Sie genau hin. Beachten Sie, dass es nicht immer nur schwarz und weiß gibt. Die Welt ist Gott sei Dank bunt, doch jeder hat bestimmte, einseitige Tendenzen. Filtern Sie diese heraus und stehen Sie zu sich.

Übung:

Nehmen Sie sich jetzt ein neues Blatt und schreiben Sie nieder, wie Sie sein wollen. Welche Entscheidungen und Gedanken sind notwendig, um dies zu erreichen? Lassen Sie es einfach fließen. Bewerten Sie das Niedergeschriebene nicht. Seien Sie kreativ und aufrichtig zu sich selbst. Wünschen Sie sich ein neues Weltbild und lassen das alte mit Ihrem Atem gehen. Erlauben Sie dem neuen Weltbild, über klare Entscheidungen Einzug in Ihren Geist zu halten.

Wiederholen Sie das alles so lange, bis Sie sich innerlich weit und leicht anfühlen. So lange, bis Sie wirklich gerne auf dieser Welt sind und ein Gefühl der Liebe entwickeln, wenn Sie an sich, Ihr Leben und Ihre Umwelt denken. Sie schaffen das, glauben Sie fest daran.

10. Den eigenen Weg gehen

Gehen Sie ab sofort Ihren eigenen Weg, losgelöst von allen Meinungen und Vorgaben anderer, einschließlich Ihrer Familie. Nicht erschrecken, denn es bedeutet nicht, diese zu verlassen. Ich meine damit, dass Sie ab jetzt für sich alleine entscheiden, was für Sie gut und richtig ist. Vertrauen Sie sich. Lieben Sie sich, dann können Sie die Meinungen und Äußerungen der anderen (Chefs, Kollegen, Freunde, Familie, Partner, Kinder, Bekannten usw.) nicht aus Ihrer Liebe zu sich selbst reißen. Sie würden sich dadurch nur von sich und von Ihrer Liebe trennen.

Ja, ich weiß, Sie wollen so gerne dazugehören und akzeptiert sein. Doch dies funktioniert nur, wenn Sie sich selbst akzeptieren und lieben. Diese Entwicklung findet von innen nach außen statt. Auch hier gilt das Prinzip der Resonanz. Auch wenn es schwer fällt und sich Menschen aus Ihrem Leben verabschieden – bleiben Sie stark. Sie schaffen so Platz für echte und aufrichtige Menschen, die zu Ihrem wahren Selbst passen. Ist das nicht wunderbar, auch wenn das Loslassen des Alten wehtut? Trauern Sie ruhig, doch freuen Sie sich auch auf das Neue.

So entwickelt sich alles aus Ihnen selbst, weil es einfach sein darf. Weil Sie einfach sein dürfen, wie Sie sind und bringt Sie so in die Balance. Sie sind der Mittelpunkt Ihres Seins und erkennen sich so selbst an, wie Sie sind: vollkommen und liebenswert.

Warum sollte ein anderer nicht so über Sie denken? Sie sind es sich definitiv wert! Also hören Sie endlich mit dem Kopfzerbrechen über andere auf, denn Sie wissen nicht, was der andere wirklich denkt. Glauben Sie mir, viele andere Menschen sind oft so mit sich selbst beschäftigt, dass sie überhaupt nichts über Sie denken. Nur Sie zerbrechen sich mal wieder den Kopf über andere, und wenn jemand doch etwas über Sie denkt und nichts zu Ihnen sagt, dann ist es seine Sache. Belasten Sie sich nicht länger mit diesen unnötigen Gedanken, ob andere etwas über Sie denken oder nicht. Konzentrieren Sie sich auf Ihre eigene Kraft, da Sie diese für sich selbst benötigen, um ein glückliches und selbsterfülltes Leben zu führen.

Vertrauen Sie in sich. Sie sind nicht mehr länger auf den Applaus von außen angewiesen. Niemand außer Ihnen selbst weiß besser, was für Sie gut und richtig ist! Nur Sie kennen Ihren Seelenplan, also steht dem anderen im Außen kein Urteil zu.

Woher wollen wir wissen, was für einen anderen gut ist? Wie sieht sein Seelenweg aus? Was hat er sich in diesem Leben vorgenommen zu erfahren? Wir wissen es nicht. Also ist letztlich in der göttlichen Ordnung jeder frei, zu tun und zu lassen, was er für richtig hält. Richtig? Kommt jetzt noch ein „Aber"? Dann passen Sie genau auf, welche Angst dieses „Aber" repräsentiert. Nicht mehr zu funktionieren oder nicht mehr dazuzugehören? Blicken Sie der Angst ins Auge und geben Sie diese frei. Lesen Sie ruhig noch einmal im Kapitel 4 nach. Alles, was hier hochkommt, ist willkommen. Es gehört zu Ihnen und damit ist es göttlich. Sie sind in Ordnung, so wie Sie sind. Sie dürfen tun und lassen, was Sie möchten.

Suchen Sie nicht mehr länger die Anerkennung im Außen, denn dabei müssen Sie sich von Ihrer Liebe abtrennen und sich verbiegen. Hören Sie damit auf. Hören Sie auf sich selbst und Ihre innere Stimme. Dies bedeutet nicht, keinen Rat mehr einzuholen oder sich mit anderen auszutauschen. Nichts passiert zufällig, doch letztendlich treffen Sie Ihre Entscheidung aufgrund Ihrer Kriterien und Ihrem Gefühl. Sie tragen auch die Konsequenzen. Dadurch bleiben Sie stark und sind kein Opfer. Die bequeme Haltung, einen anderen – den Mann, die Frau, den Chef, die Politik etc. – für die Entscheidungen und damit die Konsequenzen verantwortlich zu machen, entfällt dadurch. Sie leben so in Ihrer Kraft und bestimmen selbst Ihr Leben.

In dieser Rolle können Sie Ihr Leben, wann immer Sie mögen, verändern. Sie sind somit der Schöpfer Ihres eigenen Lebens und hängen nicht mehr als bewegungsunfähiges Opfer irgendwo fest. Andere bestimmen nicht länger, wohin Sie sich wenden, wann und was Sie tun und denken sollen.

Sie sind wertvoll, also gestatten Sie sich die Selbsterfüllung.

Ihnen steht ein schönes, friedvolles, erfolgreiches, glückliches, unabhängiges und gesundes Leben zu. Sie verdienen es, geliebt zu werden!

Falls Sie ein Mensch sind, der schlecht oder gar nicht „nein" zu anderen sagen kann, obwohl Sie das, worum Sie gebeten werden, wirklich nicht tun wollen, dann schreiben Sie sich auf einen Zettel: „Ich tue das, was ich gerne möchte, und höre auf zu tun, was ihr wollt!"

Hängen Sie diesen Zettel an Ihren Badezimmerspiegel und lesen Sie ihn täglich mehrmals. Brüllen Sie es ruhig aus Ihrem Innersten heraus. Trauen Sie sich. Es tut gut, die eigene Kraft und Energie zu spüren. Nur zu, trauen Sie sich.

Sie sind weder besser noch schlechter als der andere, sondern einfach anders, und das ist es. Nur so können Sie Ihren eigenen Weg gehen. Sie sind nicht mehr und nicht weniger. So schaffen Sie es, mit Neid, Angst und Hass aufzuhören.

Sie werten und beurteilen nicht mehr die Welt und sich selbst. Sie nehmen jeden Menschen anders und in seiner eigenen Schönheit wahr. Erspüren Sie, was dies in Ihnen bewirkt. Welche Wahrheit liegt darin? Bleiben Sie wahrhaftig bei sich selbst. Erkennen Sie sich an. Sie sind jetzt in diesem Moment perfekt. Zeigen Sie sich und vertrauen sie Ihrem eigenen Weg!

Leben Sie Ihr Leben jetzt, nach Ihren eigenen Vorstellungen. Niemand kann es sonst für Sie tun!

Gebrauchen Sie Ihren freien Willen und seien Sie endlich frei, unbeeinflusst vom Außen, um auf Basis Ihres Selbstverständnisses zu handeln. Ergreifen Sie die Initiative für Ihr Leben, indem Sie endlich selbst für sich verantwortlich sind. Leiten Sie Ihre Entscheidungen und Ihr Verhalten nicht mehr von den vorgegebenen äußeren Bedingungen ab, sondern handeln nur nach Ihren eigenen Vorstellungen, Wünschen und Visionen. Manifestieren Sie Ihre eigene Essenz in Ihrem Leben, indem Sie Ihre Impulse Ihren echten Werten unterordnen und die Freiheit genießen, sich in jedem Moment Ihres Daseins neu zu entscheiden.

Auf Ihrem Weg werden Sie als positiven Nebeneffekt feststellen, dass Sie immer mehr Wahrheiten zu ein und derselben Sache finden. So schult der Weg, den Sie nun gehen, Ihre Wahrnehmung. Wer kann außer Ihnen entscheiden, was für Sie genau richtig und wahr ist, oder nicht? Niemand hat die gleichen Erfahrungen wie Sie. Niemand hat Ihren Seelenplan und niemand hat das gleiche Potenzial wie Sie. Also nutzen Sie endlich Ihr Leben und leben es. Niemand kann Ihnen dies abnehmen. Wirklich niemand. Fangen Sie sofort jetzt in diesem Moment damit an. Es wird Ihnen unendliche Freude bereiten.

11. Meditieren oder einfach nur mal sein!

Fühlen Sie sich gehetzt, haben den Kontakt zu sich selbst verloren und sehnen sich nach Ruhe? Dann gibt es den Weg des Seins, der Ihnen neue Perspektiven eröffnet.

Das deutsche Wort „hetzen" kommt übrigens vom Wort „hassen". Wenn Sie also ständig gehetzt sind, sich hetzen lassen, dann hassen Sie sich sozusagen selbst!

Fühlen Sie sich gehetzt oder ausgelaugt und wissen gar nicht mehr, wer Sie sind und wo Ihnen der Kopf steht? Dann ist eine Meditation genau das Richtige für Sie. Sehnen Sie sich nach Klarheit und Ruhe im Geist? Dann ist die Meditation ein wunderbarer Weg.

Meditation stellt den Kontakt zu Ihrer Mitte wieder her. Sie fühlen sich selbst, nehmen sich wahr, um neue Energie für Ihren Alltag aufnehmen zu können. Sie finden Ihre innere Stimme wieder. Sie lernen, sich besser zu fühlen und wahrzunehmen. Einfach so, nur über Ruhe und Sein.
Gönnen Sie sich diese kleinen Pausen, um Kraft tanken zu können.

Sie wissen nicht, wie Sie meditieren sollen?
Sie haben es oftmals schon vergeblich versucht?

Fragen Sie sich bitte: *„Wie stelle ich mir das Meditieren vor? Wer schreibt Ihnen vor, dass spezielle Meditationshaltungen Ihr Weg der Meditation sind? Wer sagt Ihnen, wie lange und mit welcher Musik Sie meditieren müssen? Wer diktiert, wie Meditation für Sie aussieht? Wer weiß das schon?"* Nur Sie wissen, was Ihnen wann und wie oft gut tut!

Es gibt so viele Arten der Meditation. Ich möchte Sie hier nur anregen, für sich zu experimentieren und einiges auszuprobieren. Hören Sie auf Ihr Gefühl. Nur Sie bestimmen, wie Sie meditieren. Denken Sie nicht in Schubladen und Buchwissen. Jeder kann meditieren, also gehen Sie es an. Probieren Sie es aus. Hören Sie auf, sich mit Vorstellungen und Idealbildern zu begrenzen. Gehen Sie Ihren eigenen Weg, der sich immer wieder ändern kann. Seien Sie offen und beginnen damit.

Wenn es Ihnen hilft, dann gehen Sie in die Natur, betrachten Bäume und Blumen. Fühlen Sie sich eins mit der Erde und dem Himmel. Spüren Sie bewusst den Wind in Ihrem Haar und die Sonne auf Ihrer Haut. Fühlen Sie sich lebendig, als Teil des Ganzen. Nur Sie zählen, und der jetzige Augenblick. Beobachten Sie Ihre Gedanken und Ihren Atem. Das ist ein guter Anfang. Suchen Sie sich dazu die Stille, denn diese ist Ihr besonderer Freund. Lassen Sie sich nicht von Musik oder Gesprächen ablenken. Gehen Sie Ihren eigenen Weg.

Das Meditieren entwickelt sich, denn es ist nichts Festes, Starres, das immer gleich ist. Folgen Sie dem Fluss Ihrer Inspiration, Ihrer Kreativität.

Wenn Sie so weit sind, dann suchen Sie sich ein schönes, ruhiges Fleckchen. Dies kann in Ihrer Wohnung, im Auto, im Wald, wo auch immer Sie möchten, sein. Sie können dabei sitzen oder liegen. Auch hier gibt es kein Richtig oder Falsch, nur die Erfahrung. Wenn Sie möchten, lassen Sie sich von schöner Musik, am besten ohne Text, begleiten, folgen Ihren Gedanken und beobachten Ihren Atem.

Alternativ gibt es auch sehr gute geführte Meditationen, Autogenes Training, Progressive Muskelentspannung, Klangschalenmeditationen oder Bücher mit Anleitung. Probieren Sie einiges aus und seien Sie offen, um für sich das Richtige zu finden.

Sie können in Meditationen Rat und Hilfe für aktuelle Themen finden. Sie erhalten Antworten aus Ihrem Inneren, wenn Sie daran glauben, dass dies möglich ist.

In der Meditation finden Sie Stille und Kraft. Der Geist, also unser Verstand, wird ruhig. Die Selbstgespräche erlahmen oder verstummen mit der Zeit und aus den tiefen Schichten Ihres Geistes steigen keine Fantasien mehr auf. Genießen Sie diesen Zustand. Fördern Sie ihn. Er schafft Ihnen Zeit und Muße im Inneren, um Ihre Pläne, Wünsche und Visionen wieder zu entdecken und die innere Stimme zu finden, die Ihnen Ihren Weg weist.

Sollte das Meditieren anfänglich schwierig sein, dann gehen Sie auf Traumreisen. Träumen Sie einfach nur vor sich hin. Betrachten Sie dazu die Wolken am Himmel, die der Wind antreibt. Schreiben Sie Ihre Gedanken auf oder sprechen Sie ein Gebet. Alles, was Ihnen gut tut, fördert Ihren persönlichen Meditationsweg. Es gibt hierbei kein Richtig oder Falsch. Wie im ganzen Leben, zählt auch hier nur das Ergebnis. Gönnen Sie sich konsequent diese Zeit nur für sich in der Stille!

Es ist wichtig für Ihren Verstand, Ihr Herz, Ihren Bauch und Ihre innere Stimme, dass Sie eine gesunde Balance zwischen Tun und Sein entwickeln. Nein, deswegen sind Sie nicht faul. Sie geben Ihrem Körper und Geist nur das, was diese unbedingt regelmäßig brauchen, um gesund und damit in Balance zu bleiben. Also hängen Sie auch mal ab, indem Sie träumen oder meditieren!

Ein positiver Nebeneffekt des Meditierens ist es, auf ganz natürliche Art und Weise Ihren Stress zu reduzieren. Stress bedeutet übrigens, Energie festzuhalten. Lassen Sie einfach los durch Atmen und Sein. Dadurch entspannt sich Ihr Körper und Geist, Sie werden kraftvoller, erholen sich und Ihre positive Grundstimmung steigt.

Eine Meditation möchte ich Ihnen dennoch mit auf den Weg geben. Wissen Sie noch, wer Sie so ohne Masken und Schleier, so ganz nackt sind?
Ich lade Sie jetzt ein, mit mir gemeinsam diese Meditation zu erleben:

Zu Beginn setzen oder legen Sie sich bequem hin. Atmen Sie ganz ruhig und beachten Sie Ihre Gedanken. Halten Sie diese nicht fest. Lassen Sie diese kommen und gehen, um anschließend Ihre Aufmerksamkeit auf Ihre Füße zu richten.
Dort sind goldene Kugeln versteckt, und aus diesen wachsen jetzt ganz von selbst starke goldene Wurzeln zu einem roten Herz von Mutter Erde. Ganz ohne Anstrengung, nur Kraft Ihrer Vorstellung, schieben Sie Ihre Wurzeln durch den Boden, auf dem Sie stehen oder liegen. Schieben Sie diese durch Geröll, Erde, Lehm, Schmutz, Wasser und vielleicht Feuer, bis Sie am roten Herz von Mutter Erde ankommen. Dort befestigen Sie Ihre Wurzeln im Erdreich.
Dann sehen Sie vor sich ein wunderschönes goldenes Portal. Sie strecken die Hand aus, um es zu berühren. Es öffnet sich ganz automatisch. Sie blicken in einen wunderschönen riesigen Schlosssaal. Dort gibt es einen roten Teppich – nur für Sie, weil Sie ihn sich verdient haben und es sich wert sind. Sie sind der Star oder König dieses Reiches und erlauben sich, auf diesem weichen und flauschigen Teppich zu stehen. Sie sinken beim Laufen darauf etwas ein. Sie riechen dabei

den Duft von Rosen und hören leise angenehme Musik.

Während Sie über den Teppich schreiten, spüren Sie, wie sich viele Korsetts, Verkleidungen, Masken und Verschleierungen lösen, die Sie tragen. Spüren Sie richtig, wie etwas fällt oder aufgeschnürt wird. Gehen Sie durch Ihren Schlosssaal und werden Sie zu dem, was Sie wirklich sind. Nackt und rein. In Ihrem eigenen Sein.

Am Ende Ihres Schlosssaals ist ein weiteres Portal, blau mit wundervollen Ornamenten. Dieses öffnet sich wieder ganz von selbst und Sie betreten nackt und in Sicherheit einen wunderschönen Raum. Fühlen Sie sich richtig in dieser neuen Art, einmal pur zu „Sein", wie wundervoll Sie sind, wie groß, schön und ewig?
Sie sind in einem hellen, kreisrunden Saal und gehen pur Schritt für Schritt in dessen Mitte. Als Symbol der Liebe zur Erde ist eine Sonne in den Boden eingegossen. Darüber, in der Decke, finden Sie ebenfalls eine Sonne als Symbol für Ihr höchstes Potenzial, höchstes Selbst und Ihr Göttliches. Zwischen diesen beiden Sonnen bildet sich nun Kraft Ihrer Aufmerksamkeit eine blaue Lichtsäule. Diese steht für Ihr wahres Selbst und für Ihr „Ich bin". Sie steigen in Ihre Lichtsäule und verbinden so Himmel und Erde, um zu spüren, wie es ist, einmal in Ihrem eigenen Licht zu sein – ohne Angst und Zweifel.

Zeigen und bewegen Sie sich in Ihrem eigenen Selbst. Spüren und erleben Sie, was es zu erleben gibt. Nehmen Sie sich selbst vollkommen in Besitz, um zu dem Wesen zu werden, das Sie schon immer waren, wundervoll, ewig und kraftvoll. Wenn Sie genug Licht aufgenommen haben, kommen Sie mit einem bewussten Atemzug zurück ins Hier und Jetzt. Lassen Sie Ihr eigenes Licht einen Moment durch jede Pore Ihres

Körpers in die Welt hinaus scheinen. Fühlen Sie dieses Licht in Ihrem Körper und wie es durch die Poren Ihrer Haut hinausstrahlt. Wenn Sie sich sehr gut fühlen, dann treffen Sie die Entscheidung, dieses Gefühl mit in Ihr Leben zu nehmen. Atmen Sie bitte ein paar Mal tief durch. Sie können auch gerne seufzen und dann spüren Sie, wie Sie da liegen oder sitzen und sich danken.

Eine weitere wunderschöne Meditation zum Thema „Sich selbst lieben" ist von Louise L. Hay mit dem Titel: „In deiner Mitte sprudelt eine Quelle unendlicher Liebe!" Wen es interessiert, kann sich diese besorgen und damit arbeiten. Sie wird Ihr Herz berühren, das verspreche ich Ihnen.

Um das Meditieren richtig zu erlernen, bieten sich für Einsteiger Meditationsgruppen oder Wochenendseminare an. Die Energie einer Gruppe ist in der Regel stärker und dadurch wirkungsvoller als bei einem einzelnen Menschen.
Die Gruppendynamik schweißt Menschen zusammen und schafft ein unterstützendes Klima, durch das man inspiriert werden kann. Die Teilnehmer lernen unheimlich viel voneinander und können so eventuelle Hindernisse und Blockaden leichter überwinden.

Seien Sie experimentierfreudig, indem Sie Verschiedenes ausprobieren. Ich wünsche Ihnen von ganzem Herzen viele positive und wunderbare Erfahrungen, geprägt von Liebe und Freude. Genießen Sie die Kraft, die Ruhe, den Frieden und die Freude, die Sie in sich finden. Es ist ein Zeichen von großer Liebe, wenn Sie sich und Ihrem System dieses „Sein" gönnen. Genießen Sie es.

12. Bewegung

Betätigen Sie sich körperlich und kommen so zur Kreativität und Ihrem eigenen Potenzial.

Körperlicher Ausgleich ist enorm wichtig auf Ihrem Weg zu sich selbst. Er hilft Ihnen, sich selbst zu spüren, Stress abzubauen und sich in Ihrer Haut wohl zu fühlen.

Keine Angst, falls Sie ein absoluter Sportmuffel sind, müssen Sie nicht täglich 60 Minuten joggen. Doch empfehle ich Ihnen, Ihr Sofa zu verlassen und dreimal wöchentlich für mindestens 30 Minuten ein körperliches Training Ihrer Wahl zu absolvieren. Suchen Sie sich eine Sportart aus, die Ihnen wirklich Spaß macht, wie z. B. Walken, Fahrradfahren, Inliner oder Schwimmen. Es gibt zahlreiche Möglichkeiten. Beginnen Sie unbedingt, sich zu bewegen, auch wenn es erstmal nur drei ausgedehnte Spaziergänge pro Woche sind. Das ist definitiv ein Anfang. Yoga ist auch ein wunderbarer Weg, harmonische Bewegungen mit Atem und Meditation zu vereinen, um den eigenen Körper mehr zu spüren und wahrzunehmen.

Egal, was Sie in Sachen Bewegung unternehmen, wichtig ist, etwas zu tun.

Probieren Sie verschiedene Sportarten aus. Seien Sie experimentierfreudig. Es ist sicher etwas dabei, was Ihnen Spaß macht. Wechseln Sie ruhig auch mal die Sportart, denn was Sie heute mögen, kann morgen schon langweilig sein. Seien Sie offen und lösen sich von alten Begrenzungen.

Um in Ihrem Leben etwas zu verändern, brauchen Sie Willenskraft. Beenden Sie einige alte Gewohnheiten und schaffen Sie so Platz für neue, die Ihnen weiter helfen.

Überfordern Sie sich dabei nicht. Handeln Sie in Ihrem

Tempo und auf Ihre Weise. Achten Sie besonders auf Müdigkeit. Übernehmen Sie Verantwortung für sich und Ihren Körper, indem Sie ihn schätzen, und damit auch sich selbst. Bringen Sie sich in eine körperlich, geistig, seelische Balance. Es wird Ihnen wirklich guttun und ein Körper- und Zufriedenheitsgefühl in Ihnen hervorrufen. Entzünden Sie Ihr Körperlicht und lassen Sie es in dieser Welt leuchten.

Ihr physischer Körper wird es Ihnen mit strahlender Gesundheit danken. Sie können aus gutem Grund stolz auf sich sein und sich lieben. Sie spüren sich selbst endlich wieder und fühlen sich in Ihrem physischen Körper wohl.
Also, runter vom Sofa!

13. Ernährung

Auf Ihrem Weg zur Selbstliebe ist Ernährung ein wesentlicher Baustein.
Warum? Weil gute Nahrung Energie für Ihr Körpersystem bedeutet und als Brennstoff umgewandelt wird, um Ihre Leistungsfähigkeit zu erhalten. Die Nahrungsenergie an sich ist wie jede Energie grundsätzlich völlig neutral. Mit Ihrem Denken und Handeln beeinflussen Sie diese Neutralität. Oft missbrauchen wir Menschen Nahrung als Energiegewinn von Außen und stopfen diese in Form von Energie in uns hinein. Wir holen uns darüber das, was wir von den Menschen um uns herum und nicht viel wichtiger von uns selbst nicht bekommen: Anerkennung, Liebe, Wärme, eine kleine Belohnung nach einem harten Tag etc.

Doch meist schaden wir uns damit nur selbst (z. B. mit

Gewichtszunahme) und hassen uns dafür. Ein nicht endender Kreislauf. Kommt Ihnen das bekannt vor?

Unterbrechen Sie diesen Teufelskreislauf. Das, was Sie im Außen bei den Menschen suchen, können Sie sich nur selbst ermöglichen! Keine Nahrung dieser Welt kann Ihnen Belohnung, Liebe, Nähe und Wärme geben. Hören Sie deshalb auf, diese wahllos in sich hineinzustopfen. Lieben Sie sich selbst, um innerlich satt zu werden. Das ist ein wunderbares Gefühl. Auch wenn Sie dieses Gefühl nicht immer stabil halten können, trainieren Sie es und nehmen Sie wahr, wann Sie sich über Ihre Gedanken verlassen und in der Nahrung den Ersatz suchen, und wann Sie sich schon mit Ihrer Liebe zu sich selbst anfüllen können.

Übung:
Schließen Sie Ihre Augen, atmen Sie tief ein und aus. Stellen Sie sich Ihren Herzensraum vor, der vielleicht noch ein bisschen eng und dunkel ist. Doch Sie öffnen nun die Rollos, schieben die Vorhänge zur Seite und lassen Luft in Ihren Herzensraum. Setzen Sie den Impuls von Dehnung. Wenn es Ihnen angenehm hell ist, entdecken Sie mitten in Ihrem Herzensraum einen Brunnen in wechselnden Farben. Darin finden Sie ganz lange Strohhalme. Sie können nicht anders, als einen Strohhalm in den Mund zu nehmen und von Ihrer Herzensquelle zu trinken. Trinken Sie, so viel sie wollen. Wenn Sie möchten, steigen Sie in die Quelle hinein und baden in dieser Essenz. Gießen Sie sich das Wasser über Ihren Kopf oder trinken es. Machen Sie sich richtig satt mit Ihrer eigenen Liebe.

Wiederholen Sie diese Übung, sooft Sie wollen, um sich mit Ihrer eigenen Liebe zu sättigen.

Da unsere Körper Energie zum Verbrennen benötigt, ist es wichtig, sich bewusst und gesund zu ernähren. Es ist wichtig, saubere Brennstoffe zu verwenden wie etwas, das noch lebt und Ihnen wirkliche Energie liefert.

Ich möchte Ihnen hier nichts verbieten, im Gegenteil. Was bewusst und gesund im Zusammenhang mit Essen ist, bestimmen Sie selbst. Hören Sie auf Ihr Bauchgefühl, Ihre innere Stimme. Lassen Sie sich nichts von anderen diktieren. Essen Sie nach Ihrem Gefühl und so bewusst wie möglich. Sie lernen zwischen Lust- und Frustgewinn zu unterscheiden. Zwischen Lebensmitteln, die gut für Sie sind oder nicht. Gewinnen Sie die Freude am Essen zurück.
Verbannen Sie das schlechte Gewissen sowie Schuld- und Schamgefühle. Genießen Sie das, was Sie essen, mit allen Sinnen. Nehmen Sie sich Zeit für Ihr Essen und wenn Sie es selbst kochen, achten Sie schon beim Einkaufen darauf, nur hochwertige Lebensmittel zu verwenden, die noch leben. Daher heißen Sie auch Lebensmittel, um „Leben zu vermitteln". Gehen Sie hier mit dem richtigen Bewusstsein heran und riechen z. B. auch mal am Obst. Genießen Sie Ihren Einkauf in vollen Zügen. Der alte Ratschlag, „niemals hungrig einzukaufen", ist übrigens nach wie vor noch aktuell. Achten Sie darauf, keine verseuchten Lebensmittel zu kaufen und vermeiden Sie Geschmacksverstärker.

Wenn Ihr Körper es Ihnen wert ist und Ihr Geldbeutel es erlaubt, dann greifen Sie auch mal zu „Bio". Sie werden bei vielen Lebensmitteln wie Obst, Gemüse, Käse, Sahne und Butter einen enormen Unterschied im Geschmack feststellen. Testen Sie es, wenn es sich mit Ihrer Lebenseinstellung und dem Finanziellen vereinen lässt. Ich habe festgestellt, mit biologischen Grundnahrungsmitteln schneller satt zu sein. Ein einfaches Essen, wie Kartoffeln mit Spinat oder Quark, unheimlich satt und auch glücklich macht, ganz ohne schlechtes Gewissen. Danach fühle ich mich noch und bin nicht mit einem schweren übervollen Magen beschäftigt und geißele mich selbst mit Vorwürfen. Wenn es Pommes sein sollten, dann ist das auch in Ordnung.

Es geht nicht darum, ein Supermodel mit Traummaßen zu werden. Sie besitzen ein Aussehen und ein Wohlfühlgewicht, und es geht beim Essen darum, sich nicht mehr mit Nahrung zu betäuben und diesen Brennstoff zu missbrauchen. Es geht um ein Spüren – sich selbst zu spüren, und auch das, was gut für Sie ist. Weiterhin geht es darum, unseren oft schon kranken Kontrollwahn, der mit dem Thema Essen und Gewicht einhergeht, wahrzunehmen, anzunehmen sowie all die Ängste, die damit einhergehen.

Bei der Zubereitung Ihres Essens achten Sie bitte auf Ihre Gedanken. Kochen Sie liebevoll und mit Aufmerksamkeit. Freuen Sie sich auf Ihr Essen und stellen Sie sich vor, wie gut es Ihnen tut.

Schalten Sie beim Essen den Fernseher aus und genießen Sie es. So spüren Sie, ob es Ihnen gut tut oder ob es in diesem Moment das Falsche ist. Ihr Körper bemerkt dies. Vertrauen Sie sich hier voll und ganz. Fragen Sie sich regelmäßig, während Sie kauen, was Sie essen. Nehmen Sie es wahr und kauen Sie Ihre Nahrung richtig. Fragen Sie nach, ob es genug ist, also ob Sie satt sind, und nein, Sie müssen Ihren Teller nicht leer essen. Vielleicht freuen Sie sich am nächsten Tag über die Reste, die noch auf Sie warten.

Finden Sie Ihren eigenen Weg. Niemand – außer Ihnen –

weiß besser, was für Sie richtig ist. Verabschieden Sie sich von den Traumvorstellungen eines Model-Daseins. Sie sind jetzt in diesem Moment genau, so wie Sie sind, richtig. Sprechen Sie ein lautes „Ja" zu sich. Ein bedingungsloses „Ja", ohne Wenn und Aber.

Vielleicht fällt dies dem einen oder anderem schwer, egal, überwinden Sie sich. Sie haben schon so viel erreicht. Testen Sie es. Sagen Sie „Ja" zu sich!

Dieses „Ja" erlaubt Ihrem Körper, in eine Balance zu gelangen, wodurch Ihre Nahrung vollständig verbrannt wird. Dadurch nehmen Sie sich selbst intensiver wahr, um ab sofort besser auf Ihre Bedürfnisse hören zu können. Stopfen Sie nicht mehr aus Gewohnheit wahllos alles in sich hinein. Seien Sie Ihrem Körper gegenüber aufmerksamer.

Menschen mit sehr großen Essproblemen empfehle ich, fachliche Hilfe und Unterstützung einzuholen. Sie sind deswegen noch lange kein Looser. Das Gegenteil ist der Fall, denn Sie sind schlau. Auf diese Art und Weise holen Sie sich Ihre Macht zurück, indem Sie die Verantwortung für sich selbst übernehmen, um sich das zu holen, was Sie als Hilfe benötigen. Es ist sehr weise, um Hilfe zu bitten. Also tun Sie es.

„Satt sein" ist ein Thema, das im Zusammenhang mit Essen und auch mit Störungen im Essverhalten einhergehen. Dazu gehört „ein sich spüren können" über Nahrungsaufnahme, über Kauen und Schlucken. Doch das „Sattsein" beginnt von innen heraus über die Selbstakzeptanz. Über das Sich-selbst-Lieben und auch über das Sich-selbst-so-Annehmen, wie es ist. Der jetzige Zustand bedeutet doch noch lange nicht, dass es für alle Zeit so bleibt. Leben ist Veränderung und Weiterentwicklung. Also leben Sie im Hier und Jetzt und lieben Sie sich jetzt! Ja, Sie lesen richtig, genau jetzt. Sie sind genau so richtig, wie Sie jetzt sind. Das ist der erste Schritt.

Erlauben Sie Ihrem Körper, sich wieder selbst in Balance zu bringen. Ihr Körper weiß, was er braucht. Erlauben Sie ihm, für sich zu sorgen, damit er seine Balance wiederfindet. Doch dafür ist wichtig, ihn nicht mehr mit Ihren Gedankenkonstrukten zu kontrollieren, sondern wirklich darauf zu achten, was er Ihnen signalisiert. Dazu gehört, was er essen mag, wann er essen mag und vor allem, wann es genug ist. Solange Sie ihn mit Ihren Ängsten, Gedanken und Bewertungen kontrollieren, desto mehr Sie sich von sich selbst trennen, indem Sie sich ablehnen, umso weniger kann Ihr Körper selbst aktiv werden und seine eigenen Kräfte aktivieren. Also geben Sie ihn frei. Sagen Sie bedingungslos „Ja". Ein „Ja, aber ..." genügt nicht! Atmen Sie noch einmal tief durch und dann sagen Sie „Ja" zu sich selbst und Ihrem Spiegelbild.

Warum entsteht oft im Zusammenhang mit dem, was wir essen oder was wir uns gönnen, in uns ein schlechtes Gewissen, obwohl wir Appetit darauf verspüren? Kennen Sie das auch?

Sie wollen unbedingt Schokolade essen, doch in Ihrem Hinterkopf springt die Maschinerie des schlechten Gewissens an. Die Ebene von Schuld und Scham, die Ebene des Opfers. Sogar unser Verstand schaltet sich dazu und unterbreitet das gesamte Spektrum unseres Glaubenssystems, das wir zum Thema Ernährung gespeichert haben. Was ist gesund, was nicht? Wie viel Fett und Kalorien verbergen sich hinter einer solchen Schokolade, dass es ab jetzt ewig auf unseren Hüften wohnt, es nicht biologisch ist etc.?

Sie kennen das bestimmt. Weil wir schlau sind, entwickeln wir Techniken und Konzepte, trotz dieser Gedanken alles zu essen, was wir wollen. Wir segnen unser Essen, wir reden uns ein, wie viel Sport wir machen, wir schwören, dafür das Abendessen ausfallen zu lassen etc.

Trotz alledem, die Ebene von Schuld und Scham bleibt. Die Schuld, etwas Ungesundes zu essen und unserem Körper damit etwas anzutun, das schlechte Gewissen undiszipliniert zu sein und unsere Vorsätze nicht einzuhalten. Unsere gesamte Energie fließt in dieses schlechte Gewissen, in die Schuld und in die Scham. Wir fühlen uns dem Ganzen scheinbar hilflos ausgeliefert. Wir sind also wieder Opfer. Die Opfer der Fastfood-Konzerne, die Opfer der Geschmacksverstärker, die Opfer unserer Lust etc.

All diese Ängste, diese Scham, diese Schuld. Diese negativen Gedanken und Gefühle drücken wir in unseren Körper. Wir nähren diesen und damit uns selbst mit dieser Energie und finden dann selbstverständlich im Außen die Beweise, die diese Schuld und Scham bestätigen.

Wir lesen z. B. einen Artikel über Geschmacksverstärker oder wir wiegen ein Kilo mehr. Wir sehen einen Fernsehbericht über Fastfood-Konzerne oder treffen Menschen, die sich über das ungesunde Essen auslassen und über die Disziplin einer Diät. Dadurch fühlen wir uns dann selbstverständlich noch um Klassen schlechter.

Hand aufs Herz, den meisten von uns geht es doch so. Wir schränken uns hier unnötig ein, nicht nur wegen des Gewichts. Auch Menschen, die hier kein Problem haben, kennen jedoch sehr wohl ein gesundes Ernährungskonzept. Ein ewiger Kreislauf. Sie fragen sich jetzt sicherlich: *„Wie komme ich da raus?"* Ganz einfach, indem Sie eine bewusste Wahl treffen. Eine ohne „Wenn" und „Aber", ohne sich hilflos und als Opfer zu fühlen. Sie entscheiden sich, dass es in Ihrer

Realität kein Essen gibt, das schlecht für Sie ist, dass es nur noch Nahrung für Sie gibt, die gut und bekömmlich ist.

Nein, o. k., dann kontrollieren und malträtieren Sie sich und Ihren Körper lieber mit Einschränkungen und Diäten, mit Schuld- und Schamgefühlen. Sie sind so mit Ihren Konzepten rund um Ihren Körper beschäftigt, dass Sie gar keine Zeit haben, sich wirklich wohl zu fühlen und einfach nur zu sein. Sie verschwenden Ihre Lebensenergie mit Ängsten zum Thema Ernährung und katapultieren sich so regelmäßig aus Ihrem eigenen Wohlbefinden heraus. Stoppen Sie diese Entwicklung. Wählen Sie, was ab jetzt zum Thema Ernährung in Ihrem Leben akzeptabel ist und was real.

Beim Thema Ernährung ist es generell wichtig, sich nichts zu verbieten. Wenn Ihnen danach ist, Chips und Schokolade zu essen, dann gönnen Sie sich diese. Essen Sie bewusst und freuen sich dabei, diese zu essen. Um jedoch industriell gefertigte Speisen und Getränke besser verarbeiten zu können, ist es hilfreich, wenn Sie Ihren Körper regelmäßig mit naturbelassenen Produkten wie Obst, Gemüse und Salat unterstützen. Wenn Bio nicht Ihre Lebenseinstellung ist – gut, doch essen Sie bitte regelmäßig Obst, Gemüse und Salat aus konventionellem Anbau.

Generell sollten Sie täglich viel klares Wasser trinken. Das tut Ihrem Körper gut und vergessen Sie bei all dem den Spaß nicht: Essen Sie, wonach Ihnen ist und was Ihnen Spaß macht. Sie finden Ihren Weg – vertrauen Sie sich und Ihrem Körper wieder. Ja, ich meine wirklich vertrauen! So finden Sie Ihr Wohlbefinden wieder und beenden den nicht enden wollenden Teufelskreislauf der Kontrolle, und damit der Energieverschwendung. Sie werden wieder Sie selbst, wie immer Sie sind.

14. Tun Sie sich Gutes

Um Ihre Selbstliebe nicht nur zu finden, sondern auch zu erhalten, ist es wichtig, sich selbst Gutes zu tun, indem Sie sich täglich für Ihre Leistungen loben und diese anerkennen. Danken Sie sich für alles, was Sie tun, und auch für das, was Sie nicht tun. Sie sind wunderbar, einzigartig und wertvoll, deswegen verdienen Sie Glück und Liebe.

Entwickeln Sie eine Begeisterung für sich selbst und Ihr Sein. Lösen Sie sich von der Definition, wer Sie sind, was Sie sein wollen und sein müssen. Gehen Sie mit Leidenschaft auf Ihre Entdeckungsreise zu sich selbst. Finden Sie sich in jedem Moment Ihres Lebens wirklich gut. Lieben Sie sich vollständig.

Spielen Sie niemals sarkastisch mit sich selbst durch Aussagen wie „Ich bin ja ganz in Ordnung, aber ich wäre gerne hübscher, jünger, schlanker, erfolgreicher ...", oder „Mein Oberkörper oder meine Hände sind ja ganz schön, doch meine Oberschenkel sind schrecklich".

Solange Sie noch in diesem Stadium sind, probieren Sie nur aus, wie es ist, sich selbst zu lieben, sind aber nicht ganz dabei. Geben Sie nicht auf, sondern gehen Sie Ihren eingeschlagenen Weg weiter. Es ist ein Prozess und Sie sind dabei, und das genügt.

Seien Sie vor allem auf Ihrem ganzen Liebeserkundungsweg rücksichtsvoll zu sich. Es ist alles ein Prozess mit verschiedenen Stadien und Entwicklungsstufen. Bleiben Sie dabei, denn es entwickelt sich in Ihrem Sinne. Seien Sie sich dankbar für Ihren Mut und Ihre Beharrlichkeit. Sehen Sie stets, wie weit Sie schon gegangen sind, was Sie schon alles erreichten und meisterten. Klopfen Sie sich gedanklich immer wieder selbst auf die Schulter oder verwöhnen Sie hin und wieder Ihren physischen Körper. Baden Sie ausgiebig, cremen Sie sich liebevoll mit liebenden Gedanken ein, gönnen Sie sich eine Gesichtsbehandlung bei der Kosmetikerin, eine Massage, oder, oder, oder.

Es gibt vielfältige Möglichkeiten. Hören Sie gut auf Ihre innere Stimme, da sie Ihnen stets sagt, was Sie wirklich benötigen. Doch aufgepasst, falls Sie Ihre Stimme sagen hören, Sie brauchen eine teure Uhr, einen neuen Wagen etc. In diesem Falle fragen Sie genau nach, ob Ihr Ego spricht, denn das hat keine lang andauernde Wirkung auf Ihr Wohlbefinden. Solche Anschaffungen befriedigen Ihr Ego nur kurzfristig!

Lieben Sie Ihre Schwächen und konzentrieren Sie sich auf Ihre Stärken. Sie besitzen genug davon und haben auch Grund genug, stolz auf sich selbst zu sein.

Übung:
Listen Sie alles auf, was Sie gut können. Wirklich alles. Auch jede noch so kleine Selbstverständlichkeit. Lassen Sie sich gesagt sein, dass nichts selbstverständlich ist und lesen Sie die Liste immer in den Situationen, in denen Sie finden, dass Sie ein Verlierer sind und nichts richtig können. Es festigt Ihren Bewusstseinszustand.

Der wichtigste Satz, den ich ihnen hier mitgeben möchte, ist, dass Sie sich ab jetzt gestatten, nur Sie selbst zu sein. Es befreit und heilt Sie innerlich – egal, was die Welt denkt!

Denn so lange, wie Sie sich nicht lieben, ist es nicht möglich, wirkliche Liebe in Ihr Leben zu ziehen. So lange, wie Sie sich nicht achten, ist es nicht möglich, Achtung und Anerkennung in Ihr Leben zu ziehen. Also, tun Sie sich etwas sehr Gutes und fühlen Sie sich über alle Maßen geliebt und geachtet.

Genau so, wie Sie jetzt sind.

Lassen Sie Ihre Vergangenheit einfach ruhen und ehren Sie die Erfahrungen, die Sie gemacht haben, und fangen Sie jetzt endlich mit Ihrem Leben an.

Sie sind genau so, wie Sie jetzt in diesem Moment sind, richtig – es gibt keinen besseren Moment als jetzt. Lieben Sie sich dafür. Erkennen Sie sich dafür an und loben Sie sich. Sie sind Ihr bester Freund und Ihr treuester Gefährte, Sie sind wunderbar in Ihrem Sein und haben viele Gründe, sich selbst dankbar zu sein. Also machen Sie es sich leicht und leben Sie endlich. Sie können das, ich weiß es!

15. Entrümpeln Sie

Gehen Sie durch Ihre Wohnung bzw. Ihr Haus, öffnen Schränke und vergessen Sie weder Keller noch Dachboden. Wie viele Dinge gibt es, die Sie weder mögen noch benutzen, tragen oder an die Sie sich überhaupt nicht mehr erinnern? All diese Dinge stellen gebundene Energien da. Schaffen Sie sich Platz für Neues und trennen sie sich von Altem. Spenden Sie gut erhaltene Sachen, gehen Sie auf einen Flohmarkt, nutzen Sie Aktionsbörsen oder verschenken Sie es. Egal wie, schaffen Sie sich Platz. Sie können viel besser atmen, wenn Sie diese alten Dinge nicht mehr belasten.

Sie fühlen sich freier, leichter und das ist doch Ihre tiefe Sehnsucht. Machen Sie es sich nicht länger unnötig schwer. Fangen Sie an. Ja, jetzt. Stehen Sie auf und gehen Sie mit offenen Augen Schritt für Schritt alles durch und dann fangen Sie an, auszumisten und vergessen Sie bei allem Handeln nicht, sich dabei gut zu fühlen. Genießen Sie es förmlich, sich von diesem überflüssigen Ballast zu befreien. Atmen Sie währenddessen tief durch, und wenn Ihnen danach ist, schreien Sie ruhig auch mal laut. Verschaffen Sie sich und Ihren Gefühlen richtig Luft.

Wenn Sie mit dem Entrümpeln fertig sind, spüren Sie den Stolz Ihrer Leistung in sich. Es ist ein wunderbares Gefühl. Also: Worauf warten Sie noch? Fangen Sie jetzt an!

Sie können sich einfach nicht überwinden, sich aufraffen oder Dinge weggeben? Sie wollen alles behalten, denn vielleicht brauchen Sie es noch einmal? Bitte fühlen Sie genau in sich. Benötigen Sie die Sachen wirklich noch? Neigen Sie generell dazu, nichts hergeben zu können? Dann ist bei Ihnen der Fluss von Geben und Nehmen blockiert und Sie haben sehr wenig Vertrauen. Sagen Sie von nun an immer, wenn Sie an einem Spiegel vorbeikommen: *„Ich vertraue mir selbst und dem Universum. Es ist immer genug für alle da, auch für mich."* Wenn es Ihnen hilft, schreiben Sie sich einen Zettel und heften Sie diesen an Ihren Spiegel. Sie werden sehen, wie es mit der Zeit hilft.

Fangen Sie in kleinen Schritten an, die Dinge wegzugeben, die Sie nicht mehr mögen. Mit der Zeit wird es Ihnen immer leichter fallen und wenn Sie ganz ehrlich sind, brauchen Sie viel weniger, als Sie glauben. Denken Sie dabei an die vollen Schränke und Schubläden, die Sie doch nicht besonders mögen. Also tun Sie sich jetzt den Gefallen und räumen Sie einfach auf.

Vergessen Sie dabei nicht, an das wunderbare Gefühl zu denken. Genießen Sie es richtig, auch wenn es vielleicht anstrengend ist. Sie schaffen das, ich weiß es. Und ich kann jetzt schon die Freude, den Stolz und die Erleichterung nach dieser Aktion spüren. Es lohnt sich – also fangen Sie an!

16. Wahl und Motiv

Glauben Sie daran, alles Gute in Form von grenzenloser Fülle zu verdienen? Lieben Sie sich genug, um davon überzeugt zu sein? Glauben Sie, dass Sie alles sein können? Alles für Sie möglich ist? Dass Sie wählen können?

Eine Wahl zu treffen heißt nicht, für die nächsten 5 oder 10 Jahre zu wählen. Nein, es bedeutet, den Augenblick zu leben. Die Gefühle, die jetzt da sind, zu spüren, zu entscheiden und dann zu wählen. Sie besitzen einen freien Willen und können sich immer wieder neu entscheiden und neu wählen. Damit sind Sie im Fluss und an die große Kraft angebunden, immer das Leben zu wählen, das Sie gerade leben wollen. Entscheiden Sie ohne eine Begrenzung bzw. Vorstellung, wie sich Ihre Wahl erfüllen soll. Wählen Sie aus dem Moment heraus, im völligen Vertrauen zu sich selbst.

Das bedeutet aber auch, wirklich zu wählen und anzunehmen, was Sie nach den universellen Gesetzmäßigkeiten in Ihr Leben ziehen. Es ist ein Ausprobieren und setzt ein klares „Ja" voraus. Ein „Ja" zu sich selbst und zu Ihren Erfahrungen. Ein „Ja, aber ..." ist nicht ausreichend.

Eine wirkliche Wahl treffen heißt kein „Aber" mehr zu erfühlen, und wenn Sie sich hilflos oder als Opfer fühlen, dann haben Sie nicht gewählt.

Das Aber entsteht beim Wählen. Dabei handelt es sich um ein Gefühl oder Gedanken, es nicht zu können, Sie noch daran arbeiten müssen, oder Ihre Realität, in der Sie leben, etwas anderes erzählt. So lange leben Sie im Zwiespalt. Sie haben nicht gewählt und der Zwiespalt kommt so lange, bis Sie sagen: „*So lebe ich jetzt. Ich habe mich dafür entschie-*

den." Anschließend gibt es nichts, was Sie tun können, außer es wirken zu lassen. Entwickeln Sie Vertrauen in Ihre eigene Wahl.

Bei allen Entscheidungen spüren Sie genau hin, aus welchem Motiv bzw. welcher Absicht heraus Sie wählen: aus Liebe oder aus Angst, dem Mangel, dem Habenmüssen und Herauswollen? Was ist Ihr wahres Motiv? Die Energie folgt immer dem wahren Motiv bzw. Ihrer Absicht. Handeln Sie aus Angst und Mangel, dann schwingt diese Absicht mit. Wenn Sie etwas aus Liebe und Freude heraus wählen, dann schwingt diese Information ebenso mit. Was nicht bedeutet, dass Sie nicht aus Mangel heraus wählen dürfen, nein. Sie werden trotzdem geliebt und es geht darum, sich dessen bewusst zu werden.

Wählen oder interpretieren und analysieren Sie? Lassen Sie anderen die Wahl, oder analysieren und interpretieren Sie hier auch lieber? Möchten Sie erreichen, dass der andere Sie versteht, Ihre Realität als wahr anerkennt und Ihre Wahl unterstützt. Wie verhalten Sie sich? Was tun Sie? Oder wählen Sie gar nicht, warten ab und lassen lieber andere entscheiden? Anschließend fühlen Sie sich dann wieder klein, hilflos und als Opfer?

Im Endeffekt haben Sie die Wahl. Zur Verdeutlichung nachfolgend zwei Möglichkeiten und deren Auswirkung:

1. Der Wunsch bzw. die Absicht nach Veränderung hat zur Folge, sich mit etwas intensiver zur verbinden, um das Ziel genauer wahrzunehmen. Somit lernen Sie aus diesen Situationen heraus, um wieder wählen zu können. Diese Technik arbeitet aus dem Glaubenssystem heraus, soge-

nanntes analytisches, problemorientiertes Arbeiten. Sie prüfen, was Sie bewusst und unbewusst über die beiden Pole denken. Dann kommt das, was noch unbewusst in Ihnen schlummert, dazu. Somit können Sie es wahrnehmen, um wieder wählen zu können, wie Sie ab jetzt leben und was Sie glauben.

2. Damit einverstanden zu sein, was ist, hat zur Folge, eine intensive Verbindung loslassen zu können. Die Wahrnehmung dessen tritt mehr und mehr in den Hintergrund oder verschwindet vollkommen. Also löst sich – und auch aus diesem Wahlmotiv verändert sich – die Realität und es kann wieder eine neue Wahl getroffen werden. Das ist die lösungsorientierte Technik. Einfach nur fühlen, was los ist, und das Bedürfnis dahinter erkunden, um dann wählen und das Bedürfnis leben zu können. Hier wird kein Problem analysiert!

Beide Möglichkeiten sind gleichwertig. Fühlen Sie in dem Moment, was für Sie notwendig ist. Üben Sie bitte das lösungsorientierte Arbeiten, denn diese Art zu denken ist für uns alle noch teilweise ungewohnt, da wir in Dramen und Problemen verfangen sind und diese lieben.

Sie haben immer die Wahl! Leben Sie mit dem Wissen, dass sich alles zur rechten Zeit zeigt und so geschieht, wie es gerade zum besten aller ist. Nur dann sind sie mit den universellen Gesetzmäßigkeiten verbunden. Wir sind wie ein Puzzlestück im Universum und die Energie des Angemessenen wirkt immer. Deshalb brauchen wir weder einen Plan noch ein Ziel, sondern nur unser Gefühl und unsere Zustimmung, zu uns selbst und diesem Moment. Ein „Ja", das alle Trennungen, Widerstände und Ängste in uns liebt und anerkennt, weil wir uns dann immer tiefer lieben und erkennen könner.

Wenn wir uns zur rechten Zeit, verbunden mit etwas Geduld, verändern, beachten Sie bitte dabei, dass Ihr Körper immer nur ein gewisses Maß davon zulassen kann. Wird es ihm zu viel, verschließt er sich, denn er braucht Zeit um die Energie-änderungen manifestieren zu können. Die neuen Energien müssen in Ihrem System integriert werden. Gönnen Sie sich also ausreichend Zeit für Erholung und einfaches Dasein.

Doch bei aller Wahlmöglichkeit gibt es auch einen Seelen-plan, sowie eine Ordnung im Universum. Es gibt also etwas, was Ihre Seele hier gewählt hat zu erfahren, und wie Sie sich hier auf dieser Erde verwirklichen will. Dies bedeutet z.B., wenn Sie sich als Frau mit 1,60 m Größe in diesem Leben ver-wirklicht haben, ist es schlecht möglich, 1,80 m groß zu sein.

Daher meine Empfehlung: Denken Sie ab sofort nicht mehr in Dingen, sondern in Möglichkeiten, damit öffnen Sie Ihre Begrenzungen!

Begrenzen Sie sich nicht durch Ihre Gefühle, sondern tau-chen Sie richtig darin ein. Genießen Sie diese und stellen Sie sich vor, alles, was Sie sich wünschen, ist jetzt schon in Ihrem Leben möglich. Hier greifen die universellen Gesetze: ‚Ener-gie folgt immer der Absicht" und „Das Gesetz der Anziehung". Eine Technik, um Absicht bewusst auszusenden, wäre z.B. das Imaginieren, was über das überall beschriebene Visuali-sieren hinausgeht.

Visualisieren bedeutet, sich ein konkretes, inneres Bild von etwas Bestimmtem vorzustellen. Es handelt sich um eine mentale Ebene und damit eine mentale Kraft, die nur bedingt erfolgreich ist, da wir hier über unsere Willensebene gehen.

Es gibt mittlerweile zahlreiche Literatur zum Thema „Fülle und Manifestieren". Leider führen viele dieser Anleitungen zu

Frustration, weil sie sich im Prinzip nur um die Kontrolle der eigenen Gedanken drehen. Doch es geht um sehr viel mehr, nämlich um Ihr sogenanntes „Göttliches Selbst". Sie müssen göttlich kreieren, was im Wesentlichen bedeutet, für Sie angemessene Dinge in Ihre Realität, also in Ihre Wirklichkeit, zu ziehen. Ihr Ego wird unabhängig von Ihrem Seelenplan, kurzfristig Dinge in Ihr Leben ziehen wollen, die Ihnen und Ihrem Leben dienen. Vielleicht dürfen auch andere Menschen profitieren, doch der Hauptfokus liegt immer bei Ihnen selbst.

Imaginieren ist ein Fühlen, als wäre der Zustand, den Sie sich wünschen, schon eingetreten. Tragen Sie Ihre Wunschvorstellung lebendig in sich, ohne jeden Zweifel, dass es möglich ist und sich erfüllt. Arbeiten Sie nur mit „Ich-Situationen". Holen Sie damit Ihre Zukunft ins Jetzt. Imaginieren bedeutet, sich etwas in Ihr Leben zu ziehen. Verwenden Sie nicht nur Emotionen dazu, sondern gehen Sie darüber hinaus tief ins Fühlen – ohne Wenn und Aber. Beachten Sie jedoch bei allen Gefühlen immer Ihren Seelenplan und die Energie des Angemessenen.

Über den Meditationsweg gelangen Sie zu Ihrer inneren Stimme oder Ihrer Führung, und können dort prüfen, ob Ihre Visionen bzw. Wünsche im Einklang mit Ihrem und dem Weltenplan stehen.

Zweifel, dass alles Gute in Ihr Leben kommt, oder Sie dies niemals erreichen, blockiert die Energie. Sie geben praktisch das bestellte Päckchen wieder ohne Ausliefernachweis auf den Rückweg oder verwandeln ein großes Paket in einen kleinen Briefumschlag. Also wählen Sie Vertrauen.

Beobachten Sie Ihren Alltag und wie Sie etwas tun, ob es widerwillig oder mit Herzensblut getan wird. Beobachten Sie auch Ihre Begegnungen mit Menschen und fragen Ihre innere Stimme: Warum ist dieses Treffen entstanden? Warum verhalte ich mich und der andere sich jetzt gerade so? Gestalten Sie ab jetzt all Ihre Begegnungen selbst und arbeiten Sie mit Ihrer Energie und Ihrem Herzensblut.

Erforschen Sie Ihr Innerstes und formen Sie Ihre Vision, hervorgerufen durch Ihre Entscheidungen, und beginnen Sie sofort damit, diese zu erleben – in jeder Konsequenz. Formen Sie eine Vision, die aus der Tiefe Ihres Seins kommt, und nicht nur kurzfristig Ihr Ego befriedigt.

Vertrauen Sie darauf, dass sich Ihre Wahl erfüllt – egal, welche Sie für sich getroffen haben, halten Sie es für möglich. Je konzentrierter und fokussierter Sie bei Ihrer Wahl bleiben, desto schneller und intensiver ziehen Sie diese in Ihr Leben. Tritt keine Veränderung ein, dann prüfen sie sorgfältig, ob Sie das richtige Thema wählten. Oder wählen Sie und wählen Sie, doch das richtige Thema, das richtige Gefühl, also das, um das es wirklich geht, nehmen Sie gar nicht wahr und blenden es noch vollkommen aus Angst vor sich selbst aus und sind in einem Nein zu sich selbst und zu dem, was ist gefangen?

Ich möchte Ihnen einen Rat geben: Finden Sie Freude in allem, auch im Fallen, und seien Sie überzeugt, dass Sie alles, was Sie erleben, Ihrer Wahl näher bringt.

Ich möchte hier, um das Ganze besser verstehen zu können, ein praktisches Beispiel für meine Wahl nennen, auf das ich selbst meinen Fokus richtete: mein Körpergewicht. Ich wählte und wählte, sagte immer und immer „Ja" zu mir und meinem Gewicht. Doch die Realität sah anders aus, denn es veränderte sich nichts. Dann nahm ich etwas Abstand von meiner Wahl und kam dadurch darauf, meine Ängste zu betrachteten. Angst vor Männern, Sexualität und Gewalt. Diese Erkenntnis bedeutete für mich eine wichtige Erkenntnis für meine Wahl, die ich von nun an angegangen bin, um etwas an meiner Wirklichkeit, meinem Gewicht, verändern zu können. Durch das „Ja" zur Angst, die ich unbewusst in mir trug, erkannte ich das wahre Thema, um das es geht. Es war für mich eine wichtige Erkenntnis, wo noch keine Entscheidung von mir getroffen wurde, und wovon ich mich selbst abtrennte, und was daher nicht in der Liebe zu mir war. (Später erkannte ich noch, nicht unbedingt schlank sein zu müssen, um meine Ziele zu erreichen.)

Vertrauen Sie auf das universelle Gesetz, das besagt: Energie strebt immer nach Vollendung, also das Höchstmögliche erreichen will, und ebenso auf das Gesetz der Balance. Mit diesem Wissen gehen Sie dann vom Warten ins Tun und setzen Sie durch Ihre Handlungen die notwendige Energie frei. Tun Sie nichts Unüberlegtes, sondern hören Sie auf Ihre innere Stimme, die Sie durch Ihren Meditationsweg (siehe Kapitel 8) gefunden haben, und folgen Sie Ihren inneren Impulsen. Abwarten und keine Entscheidung zu treffen blockiert Energie, wenn schon Impulse fürs Handeln da sind. Warten hält Sie immer im Moment gefangen und lässt die Energie nicht fließen, was die Manifestation bzw. Änderung Ihres Lebens und damit Ihrer Realität verhindert.

Tatkraft ist eine männliche Energie, die etwas sichtbar macht, in die Materie bringt. Dabei ist die Präzision Ihrer Wahl immens wichtig. Tauchen Sie immer tiefer in das Gefühl ein, was Sie in Ihrem Leben erreichen wollen. Atmen Sie es richtig ein. Die Globalisierung ist der Hintergrund und oft der Beginn. Doch dann kommt die Präzision des Hineinfühlens – nicht nur mit Ihrem Verstand, sondern auch mit Ihrem Herzen. Dadurch arbeiten Sie sich mit Ihren Entscheidungen Schicht für Schicht zu Ihrem Innersten vor. Stellen Sie es sich wie eine Zwiebel vor, die Schicht für Schicht geschält wird, und damit immer mehr Ihrem Wesenskern nahe kommt.

Eine Wahl muss erst selbstverständlich sein, sich integrieren und sein, wie sie ist. Dann wird sich diese erfüllen.

Doch beachten Sie, dass Ihre Wahl sich Stück um Stück dem Ziel annähert und Ihnen all die Situationen und Erfahrungen mitbringt, die notwendig sind, um diese zu verstehen und leben zu können. Wir Menschen müssen uns sozusagen auf unsere Wahl einschwingen.

Jede Ihrer Entscheidungen, jede Handlung ist ein wertvoller Beitrag zu Ihrer persönlichen Wahl.

Hören Sie Ihrer eigenen Stimme und den Menschen liebevoll zu, die Ihnen begegnen, denn oft erschließen sich dadurch wichtige Botschaften und Impulse für Sie. Fühlen Sie sich liebevoll in den anderen ein. Auch Dinge und Begebenheiten, die Ihnen begegnen, sollten Sie unbedingt beachten. Schaffen Sie sich eine innere Verbindung von Herz, Wahrnehmung und Präzision.

Oft reicht schon die Wahl, eine Entscheidung oder das Erlauben aus, um diesen Prozess zu starten. Dann ist – feinstofflich gesehen – im Universum Ihre Wahl schon da und von nun an gehen Sie – bildlich gesprochen – Ihren Prozess noch einmal rückwärts, um zu verstehen, wie Ihre Wahl zustande kam. Deshalb können Sie auch das Gefühl erleben, sich im Kreis zu drehen oder Ihre Vergangenheit zu wiederholen. Nehmen Sie dies bewusst wahr und entscheiden Sie sich immer wieder für Ihre bereits getroffene Wahl. Danken Sie der Situation, damit Sie diese jetzt endlich verstehen, fühlen, anerkennen und meistern können.

Druck und übermäßiges danach Sehnen verhindert aller-dings die Erfüllung. Wenn Sie das tun, sind Sie nicht mehr in Ihrer Wahl. Erfüllung entsteht aus dem Seinsbereich und nicht aus der Sehnsucht heraus. Seien Sie also. Setzen Sie Ihre Impulse um und lassen Sie die Energien gewähren. Tun Sie einfach, nicht mehr „um zu", sondern aus der Freude heraus und um das Lebendigsein zu spüren. Eine Wahl tref-fen heißt Energie loszuschicken, die dann das anzieht, was es zur Erfüllung braucht und zwar alles – ohne Einschrän-kung. Das Gesetz der Anziehung funktioniert für uns, wie die Schwerkraft der Erde. Die Dinge, die Sie loslassen, werden von der Erde magnetisch angezogen.

Das betrifft übrigens auch alle Singles unter den Lesern. Sehnen transportiert Ihren Wunsch nach Partnerschaft in eine scheinbare Zukunft. Statt weiterhin in der Sehnsucht zu leben, halten Sie es doch ab jetzt einfach für möglich, einen Partner zu finden. Halten Sie eine Partnerschaft für selbst-verständlich. Freuen Sie sich jetzt schon lebendig auf die Momente der Berührung und Begegnung!

Durch Ihre Wahl ziehen Sie immer beide Pole an. Ein Bei-spiel für Polarität sind Licht und Schatten. Beispielsweise bekommen Sie kein Licht ohne Schatten und umgekehrt. Seien Sie sich dessen immer bewusst. Da stets beide Pole angezogen werden, erklärt dies übrigens auch, dass Sie scheinbar in eine andere Situation hineinkommen und gar nicht wissen, was diese mit Ihrer Wahl zu tun hat. Oft führt es Sie zunächst scheinbar erst einmal weg von Ihrer Wahl, wodurch Sie anfangen, Ihren Fokus beiseite zu legen. Sie zweifeln und glauben nicht mehr an die Verwirklichung Ihrer

Wahl. Im ungünstigsten Falle geben Sie Ihre Wahl auf. Dabei handelt es sich bei diesen gegenpolaren Ereignissen, die Sie als Problem, Hürde oder Herausforderung erfahren, um nichts anders, als Ihnen den Weg zu Ihrer eigentlichen Wahl vorzubereiten. Wie bereits erwähnt, die Wahl zieht alles an, was zur Erfüllung benötigt wird, wodurch deren Basis geschaffen wird. Sie erleben dies unter Umständen als Enttäuschung, weil Sie sich aus der Ruhe bringen lassen und nicht wissen, was notwendig ist, um sich selbst zu finden. Doch es ist ganz einfach. Sie sind es, genau so, wie Sie gerade sind. Lieben Sie sich, bleiben Sie bei sich und treffen Sie eine neue Wahl.

Beginnen Sie immer zuerst mit der Spiegelübung (siehe Kapitel 1) und seien Sie zunächst einverstanden mit sich selbst und dem, was aktuell in Ihrem Leben ist. Seien Sie dankbar für alles, was ist. Fühlen Sie die Fülle, die Sie umgibt, und lassen Ihren Mangel los. Das ist der Schlüssel, und dann leben Sie so, wie Sie wollen. Denken Sie an Ihr Geburtsrecht, reich, gesund, glücklich und geliebt zu sein. Glauben Sie fest an einen glücklichen Ausgang. Leben Sie so, als wäre heute alles schon in Ihrem Leben eingetreten wie gewünscht und hören Sie endlich auf, sich zu begrenzen. Es hilft Ihnen nicht weiter, der Energie vorschreiben zu wollen, wie, wann, wo und mit wem es sich erfüllen muss. Alles ist möglich – auch für Sie!

Übung:
Achten Sie bitte einen Tag lang auf all Ihre Begrenzungen bzw. Einschränkungen in Form von Gedanken, Worten und Gefühlen. Achten Sie darauf, wenn Sie ganz offen sind, was Sie für möglich halten, und was alles für Sie unmöglich bzw. undenkbar ist. Lassen Sie sich überraschen. Begrenzungen sind zum Beispiel Worte wie „Unmöglich", „Geht gar nicht", „Nie", „Niemals, auf gar keinen Fall", „Wenn meine Mutter nicht

wäre …", „Wenn ich mehr Geld hätte …", „Wenn ich gesund wäre …", „Da habe ich keine Zeit", „Das kann ich nicht", „Da habe ich kein Talent" etc.

Es gibt zahlreiche Beispiele, entdecken Sie möglichst viele. Mir persönlich hilft es immer, zuerst bei meinen Mitmenschen mit Zuhören und Beobachten anzufangen, wann sich diese einschränken. So gelingt es mir besser, es bei mir selbst zu bemerken. Manchmal bitte ich auch sehr liebe Freunde, mich beim Sprechen auf meine Begrenzungen aufmerksam zu machen. Selbst heute verfahre ich noch ab und zu so. Es ist wirklich sehr interessant. Beginnen Sie damit.

Das Gesetz der Anziehung funktioniert in meinen Augen wie folgt: Da ist zuerst das Nichts und dann kommt ein Impuls. Dieser tritt in die mentalen Ebenen eines Schwingungskreises ein und es folgen die Gedanken. So entsteht eine Idee und aus dieser ist es dann eine unabdingbare Notwendigkeit, in die Umsetzung der Idee zu gelangen – ohne jedoch zu wissen, wieso und weshalb.
Geben Sie Vorstellungen, wie etwas zu sein hat, völlig auf. Auch die Dinge wie: „Ich tue etwas, um zu …" Dies bedeutet, Sie setzen den Impuls, ohne zu hinterfragen, um, einfach nur weil es Ihnen Spaß macht. Sobald jedoch die Vision eine Planung besitzt oder ein Konzept darin liegt, das fragt, wie Sie dies nun in die Tat bringen können, ist der Impuls bereits blockiert. So erzeugen Sie Mangel, weshalb sich der Impuls nicht in Materie umsetzt. In dem Moment, wo Ihr Verstand versucht, die Dinge zu deuten oder zuzuordnen, hält er die Energie an, schickt sie fort oder verstreut diese.

Folgen Sie Ihren Impulsen oder Eingebungen. Tun Sie es ohne Wenn und Aber. Hinterfragen Sie Ihre Impulse und

Gedanken nicht jedes Mal. Handeln Sie ohne Mangel und mit Vertrauen. Achten Sie darauf, was dann in Ihrem Leben passiert. Überlegen Sie nicht länger, ob es gut und sinnvoll ist, oder was Ihr Nachbar sagt, oder ob es gar Gewinn bringt. Tun Sie einfach, was Ihnen Ihre innere Stimme rät. Sie gibt Ihnen Weg und Tempo vor. Seien Sie achtsam mit sich und vertrauen Sie sich endlich selbst und Ihrem eigenen Wissen, welches in Ihrem Herzen wohnt und nicht im Verstand.

Gehen Sie also ab sofort ins Fühlen, um zu leben, was der Impuls in Ihnen auslöst. Dabei ist es egal, ob Sie sich frei, leicht und beschwingt fühlen, oder schwer, klein und deprimiert. Fühlen Sie in sich hinein, was Sie berührt, denn das Gefühl lässt neue Energie entstehen und nicht das Wissen. Wenn Sie sich nun frei und beschwingt fühlen, dann tun Sie es, denn dann entspricht es Ihrem Erfahrungs- oder Seelenweg.

Leben Sie im Hier und Jetzt, wodurch Sie Ihre Zukunft formen. Verhalten Sie sich jetzt schon so, wie Sie künftig sein möchten, was über das Denken hinaus geht. Da Sie dies wissen, können Sie es bei Ihren Handlungen mit berücksichtigen. „Sie sind in Zukunft das, für das Sie sich jetzt entscheiden und ab sofort leben." Bitte denken Sie liebevoll und oft über diesen Satz nach, denn er verändert Ihr Leben. Versprochen.

Alles ist möglich. Alles liegt in Ihnen. Seien Sie bereit.

So nehmen Sie sich ab jetzt selbst wahr und vertrauen Ihren Impulsen! Sie sind wunderbar und ein großer Schöpfer. Nutzen Sie all das, was in Ihnen ist.
Liebe ist übrigens immer nüchtern, einfach und bescheiden, auch die Selbstliebe. Alles andere kommt nur von Ihrem Ego. Wie steht es gerade mit Ihrer Liebe?

17. Atmen

Atmen Sie? Nehmen Sie bewusst Ihren Atem wahr, wie Sie ein- und ausatmen? Sind Sie immer mit der Kraft Ihres Ein- und Ausatmens verbunden? Nein? Dann konzentrieren Sie Ihren Fokus, also Ihr Bewusstsein, in jeder Sekunde Ihres Seins auf Ihre Atmung. Sie verbinden sich so selbst mit Ihrer eigenen göttlichen Kraft. Beim Einatmen durch die Nase ziehen Sie alles, was Sie gerade benötigen, in Ihr Körpersystem.

Beim Ausatmen durch den Mund lösen Sie sich von allem, was nicht mehr notwendig ist. Atmen bringt Sie auf eine ganz leichte und natürliche Art in das Hier und Jetzt zurück – also zu sich selbst. Es ist ein wunderbares Instrument, das Ihnen immer und überall kostenlos zur Verfügung steht. Atmen können Sie in Ihrem Bett, im Auto, bei der Arbeit, beim Blumengießen, beim Spielen, bei Besprechungen, ach, einfach immer. Niemand nimmt es wahr, nur Sie spüren es wirklich. Also los, tun Sie es. Nehmen Sie wahr, wie Sie ein- und ausatmen. Gönnen Sie sich das jetzt sofort.

Viele Menschen schneiden sich in kritischen Situationen, oder wenn es für Sie „eng" wird, von ihrem Atem ab und hören in diesen Momenten auf zu atmen. Sie halten sozusagen die Luft an oder atmen nur noch oberflächlich. Wie oft schneiden Sie sich von Ihrem Atem ab?

Dabei ist es genau in diesen Momenten ungemein wichtig, weiter tief zu atmen, um genug Kraft für solche Situation zu haben, um ganz bei und in sich selbst zu sein.

Übung:

Atmen Sie tief durch. Spüren Sie die Erleichterung? Falls Sie den Wunsch haben zu seufzen, tun Sie es! Sie geben so gebundene Energie frei. Lassen Sie uns jetzt gemeinsam seufzen. Ach, wie herrlich! Es wird mir selbst gleich viel freier um die Brust.

Außerdem unterstützt Atmen Sie auch immer, wenn Sie ein Verlangen z. B. nach Essen oder unerklärbare Emotionen oder ein plötzlich auftauchendes Problem haben. Fragen Sie sich ab jetzt beim bewussten Atmen dreimal, ob das Verlangen, die hochkommende Emotion oder das Problem wirklich zu Ihnen gehört. Ist es Ihres oder lenken Sie sich gerade ab? In der Tat meinte ich wirklich drei Mal. Nicht schummeln, denn beim ersten Mal gibt es meistens die Rückmeldung, ja, ich möchte diese Schokolade essen, es ist meins. Beim zweiten Mal wankt es schon ein bisschen und beim dritten Mal wird es ganz klar.

Selbst, wenn das hochkommende Thema zu einem Ihnen nahe stehenden geliebten Menschen gehört, ist es nicht Ihr Thema. Werden Sie sich beim Atmen darüber klar. Fragen Sie also dreimal, ob es zu Ihnen gehört. Atmen Sie dabei auch dreimal bewusst ein und aus. Fühlen Sie dann in Ihr innerstes Selbst. Dort liegt die Wahrheit, die Sie über die Eigenwahrnehmung fühlen können.

Ja, es ist so einfach. Akzeptieren Sie es! Freuen Sie sich darüber! Wählen Sie über Ihren Atmen, was ab jetzt zu Ihnen gehört und was nicht. Was Ihres ist und wovon Sie ab sofort frei sind. Erlauben Sie es sich, Ihrem System, Ihrem Körper und Ihrem Geist ganz einfach über den Atem. Verbinden Sie sich mit dem Fluss und beenden Sie so den Mangel oder ständige Bedürfnisse. Wechseln Sie in die Ebene des Seins. Wählen Sie beim Einatmen, was Sie jetzt wollen, und beim Ausatmen lassen Sie immer alle Ihre Zweifel los.

Übung:

Atmen Sie jetzt sechs Minuten bewusst durch die Nase ein und durch den Mund wieder aus. Bleiben Sie anschließend mit Ihrem Atem verbunden. Lassen Sie sich nicht von Ihren Gedanken ablenken. Wenn es Ihnen hilft, denken Sie beim Einatmen „Ruhe, Fluss oder Gelassenheit ein" und beim Ausatmen „Überflüssiges oder Altes aus". Versuchen Sie es. Experimentieren Sie wieder. Sie fühlen selbst, was das Beste für Sie ist. Was heute super ist, kann morgen ganz anders von Ihnen wahrgenommen werden. Vertrauen Sie sich und testen Sie ein wenig aus. Ich mag sehr gerne die Wortkombination „Ruhe ein" beim Einatmen und „Altes raus" beim Ausatmen.

Wiederholen Sie diese Übung bitte regelmäßig, damit Sie Erfahrung im Umgang mit dem bewusstem Atmen sammeln können. Sie sind so stets mit Ihrem Atmen, Ihrer inneren Kraft, Weisheit und Balance verbunden.

Machen Sie es sich so einfach wie möglich, denn es ist nicht schwierig oder komplex.

Feiern Sie sich. Sie sind einfach, einzigartig und wunderbar.

Übung:

Gönnen wir uns noch eine Runde bewusstes Atmen.

Setzen oder legen Sie sich bequem hin. Nehmen Sie sich in Ihrer Ganzheit wahr und atmen Sie ganz ruhig und tief. Nehmen Sie Ihre Zehen wahr. Der Atem fließt und Sie beobachten diesen. Völlig mühelos nehmen Sie wahr, wie Sie bei jedem Atemzug ruhiger und gelassener werden und sich Ihr ganzes System entspannt. Genießen Sie diese friedvolle Energie und lassen Sie alle Gedanken und Zweifel vorüberziehen. Wenn Sie völlig bei sich angekommen sind und mühelos Ihrem Atem folgen können, dann sagen Sie sich innerlich: „Ich bin perfekt, so wie ich gerade bin. Mein Leben ist perfekt, so wie es gerade ist." Lassen Sie diese beiden Sätze nachwirken und atmen Sie wieder einige Atemzüge. Dann wiederholen Sie die Sätze so lange, bis Sie sich gut und vertraut damit fühlen.

Im Anschluss daran konzentrieren Sie sich wieder auf Ihren Atem und sagen sich: *„Ich bin angekommen in mir selbst. Ich bin wunderbar, so wie ich bin. Ich lasse alle Mühe und Ansprüche los. Ich bin die/der, die/der ich bin. Jetzt in diesem Augenblick. Ich bin wunderbar."* Dabei wieder ganz ruhig und tief atmen. Lassen Sie die Worte richtig in Ihrem Körpersystem klingen. Genießen Sie diese, das Fließen, die Wärme und die Nähe, die sich dann völlig ohne Mühe einstellt und einfach nur da ist. Genießen Sie es, lassen Sie sich ganz tief in diese Strudel fallen. Nehmen Sie sich dabei ruhig auch selbst in den Arm. Atmen Sie bitte dabei ganz bewusst weiter.

Wiederholen Sie diese Übung so oft und wann Sie wollen. Variieren Sie diese und ziehen Sie sich dieses gute geborgene Gefühl, ganz im Hier und Jetzt zu sein, ohne Ansprüche, ohne Ziele, ohne Ansporn, einfach nur zu sein, in Ihr Leben. Sie werden zusehen können, wie Ihr System sich entspannt, angespannte Muskulatur sich lockert und tiefe Falten sich abmildern. Es ist wie ein energetischer Jungbrunnen für Sie. Also genießen Sie es. Erheben Sie diese Übung sozusagen zu Ihrem ganz persönlichen „Seelenbad"!

Atmen bringt Sie vollkommen in Ihren Körper zurück und bewegt auf eine ganz einfache Weise Ihre Energie. Er hilft Ihnen so, im Hier und Jetzt anzukommen und zu leben. Das Atmen ist ein wunderbarer Weg, sich zu zentrieren, um so im vollständigen Fließen zu sein. Also atmen Sie jetzt gleich noch einmal ganz tief bis hinunter zum Bauch und dann langsam und genüsslich wieder aus. Ist das nicht wirklich wundervoll?

18. Affirmationen, positives Denken und negative Gedanken

Positives Denken und Affirmationen sind Ihnen bestimmt bekannt. In diesem Buch finden Sie diese ebenfalls. Es ist aber ungemein wichtig, die negativen Gedanken in sich selbst nicht zu scheuen oder zu verurteilen. Damit würden Sie beginnen, sich selbst zu belügen, und das ist nicht Ihr Ziel. Sie wollen ganz bei sich sein und das beginnt auch damit, die scheinbar negativen Gedanken zu akzeptieren. Denken Sie also jetzt nicht jedes Mal, wenn Ihnen etwas Negatives in den Sinn kommt, „oh mein Gott, jetzt ist alles umsonst", sondern fühlen Sie richtig diese negativen Gedanken. Wiederholen Sie diese ruhig auch laut. Fühlen Sie, was in Ihrem Innersten bewirkt wird. Welche Emotionen kommen hoch? Welche Ängste und weiteren Gedanken? Wenn Tränen kommen oder Verzweiflung naht, dann heißen Sie all diese Gefühle willkommen. Sie sind ein Teil von Ihnen – untrennbar und unleugbar mit Ihnen verbunden. Wenn Sie diese negativen Gedanken und Gefühle verdrängen, dann werden diese umso größer. Wie ein Drachen, den Sie selbst aufziehen und der Sie dann immer wieder unbesiegbar angreift. Daher fühlen Sie Ihre negativen Gedanken und beobachten Sie, was dabei in Ihnen geschieht. Sie werden mit einiger Übung feststellten, dass das gar nicht so schwer ist, wie es Ihnen gerade vielleicht scheint. Probieren Sie es aus und vergessen Sie dabei das richtige Atmen nicht ;-).

Wenn Sie mit Affirmationen arbeiten, dann spüren Sie dabei tief in sich hinein. Verbinden Sie sich vorher bewusst mit Ihrem Atem, um ihn vollständig wahrzunehmen. Sie spüren, je öfter Sie Affirmationen wiederholen, wie sich ein positiveres

Grundgefühl in Ihnen ausbreitet. Spüren Sie ganz tief in sich hinein und lassen Sie sich dabei genug Zeit. Beschäftigen Sie sich nicht mit anderen Gedanken, sondern konzentrieren Sie sich einfach ganz auf Ihren Atem und auf das, was Sie laut dabei sagen. Gehen Sie bewusst über Ihre Grenzen und spüren dabei, wie Ihr Herz intensiv klopft. Falls negative Gefühle dabei ans Tageslicht kommen, diese bitte nicht wegdrücken, sondern annehmen und durchleben. Dies wirkt reinigend und heilend. Wenn Sie in sich mit großen Emotionen in Berührung kommen, bitte ich Sie, danach immer bewusst zwei bis drei Gläser reines Wasser zu trinken. Dadurch wird einiges, was in diesem Zusammenhang in Ihrem Körper eingelagert ist, durch die Flüssigkeit wieder heraus gespült.

Denken Sie ab sofort wieder, wie Sie wollen, seien es positive oder negative Gedanken. Wenn Sie möchten, denken und formulieren Sie auch Verneinungen. Geben Sie all diese Kontrollkonzepte auf. Damit begrenzen Sie nur sich selbst, Ihr Leben und damit Ihre Energie. Das ist anstrengend und lässt Sie nicht Sie selbst und damit authentisch sein. All diese Konzepte lassen Sie nur den positiven bzw. guten Teil in Ihnen lieben, doch wir haben beide Teile bzw. Aspekte in uns. Also lieben wir uns nun endlich wieder ganz – alles in uns und an uns. Ebenso unsere unguten Gedanken, sowie den Teil in uns, der lästert und schimpft. Einfach alles. All das gehört zu uns und lässt sich nicht trennen. Wir alleine entscheiden, welchen Teil wir leben. Das ist unser freier Wille, doch begrenzen wir uns nicht länger. Lassen Sie die zwanghafte Kontrolle los und gelangen Sie endlich wieder in Ihr ureigenes Vertrauen. Durch Kontrolle erschließen sich Ihnen keine kreativen Lösungen, keine Potenziale, keine unbenutzten Wege, doch über das Vertrauen ganz bestimmt. Also wählen Sie auch hier. Wenn Sie etwas in Ihr Leben und damit in die Materie bringen wollen, dann vertrauen Sie sich auch hier, dass es gelingt, was Sie in Ihr positives Wohlgefühl bringt. Richten Sie Ihren Fokus oder Ihre Energie, ganz wie Sie es nennen mögen, auf das, was Sie Ihnen Freude im Herzen bereitet.

Übung:

Schauen Sie sich einen Monat lang das an, was Sie kontrollieren wollen. Die Kontrolle über Ihren Körper, über Ihre Gedanken, über Ihre Potenziale, über Ihre Worte, über Ihre Art zu leben, über das, was Sie anziehen, über Ihr Alter, über Ihre Lebensgewohnheiten, über Ihren Willen, über Ihre Frisur, über Ihr Geld, über Ihr Essen, über Ihre Körpersprache, sogar Ihre Art zu Lachen etc. – ganz schön traurig, oder? Sie werden überrascht sein, wie viele Kontrollkonzepte Sie in sich tragen. Es sind jene, die Ihr „Eltern-Ich" (sind Ihre Regeln und Werte) in Ihnen gelegt hat. Damit meine ich nicht nur Ihre physischen Eltern, sondern alles, was Sie und Ihr innerer Richter im Laufe dieses Lebens als Wahrheit angenommen haben (siehe auch Kapitel 20.) Übergeben Sie nun diesem „Eltern-Ich" die Entlassungspapiere. Unterschreiben Sie diese und machen Sie einen schönen Stempel oder ein Siegel darauf. Sprechen Sie sich endlich frei davon und kommen Sie so von dem nicht endenden Teufelskreislauf der Kontrolle hin zum fließenden Vertrauen und so zu all Ihren Möglichkeiten. So kommen Sie zum Fluss von all dem, was nicht sein darf, zu dem, was sein kann.

Sie glauben, mit der Kontrolle nicht aufhören zu können? Sie gewisse Dinge oder Sachen immer noch nicht tun oder sagen dürfen? Probieren Sie es doch einfach aus. Ja, Sie werden überrascht sein, was wirklich geschieht. Ängste und Sorgen, die Sie sich gerade darüber machen, sind der völlig falsche Weg. Fühlen und hören Sie auf die Weisheit und

Liebe, die Sie in Ihrem Innersten – in Ihrem Herzen tragen. Diese begleitet Sie in jedem Moment Ihrer Handlungen, da Sie jetzt bewusst mit sich selbst umgehen. Auch hier ist es nur Gewohnheit. Doch was wollen Sie? So gewohnt wie bisher weiterleben oder Ihr ganzes Potenzial in Liebe leben? Sich mit allen Aspekten fühlen und leben? Vertrauen und lebendig sein? Es ist wie immer Ihre Entscheidung.

Sie sind sehr mutig – haben Sie sich heute schon dafür gedankt?

19. Stoppen Sie das „Warum?"

Drehen Sie sich gedanklich sehr oft im Kreis? Fragen Sie ständig nach dem: „Warum?" „Warum ich? Warum jetzt? Warum?"

Hören Sie bitte sofort damit auf, denn es bringt Sie nicht weiter – im Gegenteil. Sie fördern so Ihren Mangel. Sie ziehen dadurch immer wieder solche Situation an, in denen Sie das Gleiche in ähnlicher Form an verschiedenen Orten, in verschiedenen Situationen, mit verschiedenen Menschen erleben.

Durch Ihr „Warum?" bleiben Sie im Opferdasein verhaftet. Sie übernehmen keine Verantwortung für das, was gerade in Ihrem Leben ist und für sich selbst. Im Gegenteil, Sie machen sich handlungsunfähig.

Sie geben die Verantwortung ab, an einen Gott, an das Universum, an die Engel, an einen Partner, an Ihre Eltern, an Ihren Chef etc.

Doch so funktioniert das garantiert nicht. Wer handlungsunfähig ist, weil er die Verantwortung im Außen sucht, hindert sich daran, sein Leben selbst in die Hand zu nehmen und zu ändern. Es gibt nicht umsonst den Spruch: „Hilf dir selbst, dann hilft dir Gott" oder „Die helfende Hand hängt an dir selbst".

Wenn Sie sich und Ihr Leben verändern möchten, dann beginnen Sie jetzt, indem Sie alles, was gerade in Ihrem Leben ist, annehmen. Immer dann, wenn Sie „Warum?" denken, wechseln Sie die Seite, indem Sie aus Ihrem Mangel herausgehen. Fragen Sie sich, was Ihr wahres Bedürfnis ist, was Sie nach vorne, ins Hier und Jetzt, bringt. Dieser Seitenwechsel macht Sie wieder handlungsfähig. Indem Sie das Bedürfnis erkennen, welches hinter Ihrem „Warum?" verborgen liegt, können Sie reagieren, eine neue Wahl treffen und das in Ihr Leben bringen, was Sie gerade benötigen. Sie verlassen die wehrlose Opferhaltung, indem Sie sich selbst als handlungsfähig darstellen und so als Schöpfer Ihres Seins anerkennen.

Das „Warum?" ist problemorientiert und die Frage nach Ihrem Bedürfnis ist lösungsorientiert. Also üben Sie – gehen Sie den lösungsorientierten Weg. Es ist zu Beginn für manch einen gewöhnungsbedürftig, doch indem Sie bewusst bleiben und immer wieder die Wahl treffen, von nun an lösungsorientiert an Ihre Bedürfnisse heranzugehen, wird Ihnen dies mehr und mehr gelingen. Probieren Sie es aus! Ich glaube an Sie. Sie schaffen das – wirklich. Beginnen Sie gleich damit, und immer wenn Sie sich selbst beim „Warum-Fragen" erwischen, „Stopp" denken und statt dessen nach Ihrem Bedürfnis fragen!

Um das Ganze zu konkretisieren, hier ein Beispiel. Zu Beginn dieses Jahres fragte ich mich, warum mir meine geliebte Arbeit einfach keinen Spaß mehr macht. Ich fand keine Antwort. Je mehr ich klagte und fragte, desto schlimmer wurde meine Situation. Ich formulierte den Wunsch nach der Möglichkeit, mehr von zu Hause aus arbeiten zu können und mir wurde ein Zusammenhang klar. Mein Bedürfnis ist momentan der Rückzug, die Möglichkeit, zu Hause zu arbeiten. Das „Warum?" führte mich hier in die Sackgasse, in der Hinsicht, den falschen Beruf auszuüben, die Firma und die Menschen dort unangenehm sind, ich deswegen unzufrieden bin etc. Die andere Seite war mein Bedürfnis nach Rückzug und Stille.

Probieren Sie es aus, Sie finden selbst ganz viele Beispiele. Probieren Sie es mit Spaß und Leichtigkeit. Lassen Sie verrückte Bedürfnisse zu. Zensieren Sie Ihre Gedanken und Gefühle nicht. Seien Sie ganz offen und kreativ. Glauben Sie mir: Sie können sich selbst vertrauen – versprochen. Niemand weiß besser als Sie selbst – Ihr Innerstes –, was Ihre wahren Bedürfnisse sind. Wenn es Ihnen hilft, dann nehmen Sie einen Stift und ein Blatt Papier zur Hand und beschreiben Sie die Situationen, mit denen Sie im Moment unglücklich sind. Anschließend betrachten Sie diese aus der Perspektive Ihrer Bedürfnisse. Schreiben Sie einfach drauflos. Niemand wird es lesen und es muss auch keinen Sinn ergeben, nur Spaß, ein Gefühl der Leichtigkeit und der Freude wird in Ihrem Leben entstehen. Ausgelöst dadurch, weil Sie sich jetzt wieder ernst nehmen. Ist das nicht ein wirklich wunderbares Geschenk?

20. Konfliktarbeit

Lernen Sie, mit Konflikten umzugehen und diese frühzeitig zu erkennen. Dies hilft Ihnen, sich bei Konflikten nicht mehr klein zu fühlen und in Selbsthass oder Selbstablehnung zu fallen, sondern sich in jedem Moment anzunehmen und zu lieben – auch in schwierigen Situationen.

Fragen Sie sich bei jedem Konflikt, wer den Konflikt eigentlich hat. Das ist eine elementare Sache. Eventuell befinden Sie sich mitten in einem Konflikt, der mit Ihnen nichts zu tun hat, wodurch Ihr gesamtes System aus dem Gleichgewicht gerät.

Üben Sie es, indem Sie für sich einstehen. Kommunizieren Sie offen und wahrhaftig, indem Sie stets bei sich bleiben. Sprechen Sie alles rechtzeitig aus und damit beim anderen an. Das befreit Sie und hilft Ihnen, Ihre Selbstliebe und Ihr positives Grundgefühl beizubehalten.

Beim Kommunizieren teilen wir auch unser Unbewusstes mit und alles nicht Gesagte schwingt als Information in uns und im Raum. Unser Gegenüber fühlt unbewusst, jedoch meist spürbar diese unterdrückten Informationen, daher ist es wichtig, alles ehrlich, wahrhaftig und sachlich anzusprechen. Sie kennen sicherlich diese Situation: Sie wissen es nicht und doch spüren Sie, dass etwas nicht stimmt und jemand unaufrichtig ist oder dass etwas unausgesprochen in der Luft hängt.

Bleiben Sie bei der Ich-Botschaft. So etwas wie „Ich glaube ..." und „Ich denke ...". Damit bedrängen Sie den anderen nicht und so entsteht bei der Kommunikation auch Verständnis beim anderen für Ihre Gefühle oder Ihre Situation. Sprechen Sie stattdessen permanent vom „Du", „Du sollst ...", „Du musst ..." etc., fördern Sie die Aggression und Wut beim anderen. Es wird sich kein gemeinsamer Weg erarbeiten lassen. So lange Sie in Ich-Botschaften kommunizieren, bleiben Sie bei Ihren eigenen Bedürfnissen. Der andere fühlt sich dann nicht bedroht oder angegriffen und kann so Ihren Worten und Argumenten folgen, ohne sich permanent verteidigen zu müssen.

Ein Konflikt ist grundsätzlich im Raum, wenn Sie gereizt auf eine Situation reagieren. Es bietet sich an zu prüfen, ob Sie mit einer Sache, einer Person, einem Verhalten oder mit sich selbst nicht im Reinen sind, bevor Sie Ihre Gereiztheit an der falschen Person auslassen. Das ist die bereits erwähnte erste Frage: Wer hat überhaupt den Konflikt? Die Wutübung aus Kapitel 21 kann hier auch schon Wunder bewirken und Ihnen als Ventil dienen, wenn Sie im Grunde genommen einen Konflikt mit sich selbst haben. Wenn Ihnen also im Moment der Dampf sinnbildlich aus dem Kopf steigt, dann blättern Sie doch schon mal ein paar Seiten vor und absolvieren Sie die Übung. Wenn sich Ihr Gemüt beruhigt hat, dann machen Sie einfach an dieser Stelle weiter.

Wie wir mit einem Konflikt umgehen, ist durch unsere Einstellung geprägt. Wie gehen Sie mit Konflikten um?

Übung:
Nehmen Sie sich ein Stück Papier zur Hand und beantworten Sie die folgenden Fragen:
- Erkennen Sie rechtzeitig, wo sich ein Konflikt abzeichnet oder verleugnen und verdrängen Sie die Signale?
- Reagieren Sie auf Konflikte ängstlich und hilflos oder stellen Sie sich Ihnen mutig entgegen?
- Gehen Sie einen Konflikt aktiv, offen und kooperativ an oder weichen Sie ihm aus, wehren ihn ab oder reagieren sogar aggressiv?
- Hören Sie bei einem Konflikt zu oder wollen Sie lieber Recht behalten?
- Diskutieren Sie offen oder weisen Sie lieber anderen die Schuld zu und verfangen sich in Entweder-oder-Drohungen?

Da Ihr Konfliktpartner, so wie Sie ja auch, seine eigenen

Erfahrungen, Werte und Glaubenssysteme hat, fasst er das von Ihnen Gesagte nach seinem eigenen Verständnis auf. Um Konflikten schon im Vorfeld vorzubeugen und um Missverständnisse zu vermeiden, lassen Sie den anderen zusammenfassen, was Sie gesagt haben, um zu hören, wie das, was Sie meinten zu sagen, beim anderen ankommt. Machen Sie das jedoch nicht auf eine belehrende Art und Weise.

Gewöhnen Sie sich grundsätzlich selbst an, ein Gespräch zusammenzufassen, damit die Gruppe oder beide Gesprächsparteien das gleiche Gespräch geführt haben und wirklich dieselben Botschaften, Maßnahmen und Verantwortlichkeiten für jeden Beteiligten eindeutig sind. Geben Sie – wann immer möglich – ein Feedback. Das stärkt Ihr Selbstbewusstsein und hilft den anderen, Sie klar zu verstehen. Kommunizieren Sie außerdem einfach. Machen Sie keine komplizierten Schachtelsätze und verstecken Sie keine Botschaften.

Wenn Sie nicht sicher sind, was der andere Ihnen zu sagen hat, dann fragen Sie nach. Das ist völlig legitim und hilft, Missverständnisse zu vermeiden. Stellen Sie alle Fragen, die Ihnen helfen, eindeutig und klar zu verstehen, was die Botschaft oder die Aufforderung des anderen an Sie sind.

Bleiben Sie außerdem stets sachlich. Ziehen Sie jeden noch so emotionalen Konflikt auf die Sachebene, nur so ist er lösbar. Das heißt nicht, dass Sie keine Gefühle und Emotionen mehr leben sollen, nur alleine damit lässt sich ein Konflikt nicht lösen.

Testen Sie auch, wie gut Sie mit welchem Ohr zuhören. Packen Sie Ihr Beziehungs-, Sach-, Appell- oder Partner-Diagnose-Ohr aus?

Das **Beziehungsohr** drückt aus und hört, wie der Sprecher zum Empfänger der Botschaft steht, also: „Was halte ich von dir?" und „Wie stehen wir zueinander?" Abhängig davon, welche Botschaft im Beziehungsohr des Empfängers ankommt, fühlt er sich entweder akzeptiert, herabgesetzt, respektiert oder bevormundet. Eine gute Beziehung ist gekennzeichnet durch Kommunikation von gleich zu gleich in gegenseitiger Wertschätzung. Gleich zu gleich bedeutet, dass Sie weder besser noch schlechter sind als der andere. Sie sind beide gleich und damit auch gleich viel wert und wichtig.

Das **Partner-Diagnose-Ohr** vermittelt bewusst oder unbewusst etwas über die Motive, Werte und Emotionen. „Was gebe ich von mir kund?" Der Empfänger lauscht darauf, welche Informationen über den Sender in der Nachricht enthalten sind. Zum Beispiel: „Was ist das für einer? Was ist mit ihm?"

Das **Sachohr** hört die reinen Sachaussagen. Der Empfänger prüft, ob die Botschaften wahr und für ihn relevant sind. Es begrenzt sich auf Daten und Fakten, die in der Botschaft enthalten sind. Zum Beispiel: „Wie ist der Sachverhalt zu verstehen? Worüber werde ich informiert?"

Das **Appellohr** hört den Wunsch oder die Handlungsaufforderung. Zum Beispiel: „Was soll ich aufgrund seiner Meinung tun, denken, fühlen? Wozu soll ich veranlasst werden?"

Neben dem Sender, der mit vier Facetten sprechen kann, d. h. gleichzeitig vier Botschaften sendet, gibt es in der zwischenmenschlichen Kommunikation auch den Empfänger. Dieser hört mit vier Ohren, d. h., er kann vier verschiedene Botschaften empfangen. Oftmals entsprechen die vier Seiten der gesendeten Nachricht nicht den vier Seiten der empfangenen Nachricht. Das macht die zwischenmenschliche Kommunikation anfällig für Störungen, und schon haben Sie einen Konflikt.

Dieses „Ohren-Modell" ist von Schulz von Thun und ich lege es Ihnen sehr ans Herz! Es geht davon aus, dass Menschen nicht immer direkt sagen, was sie wünschen, bzw. Ihre Bedürfnisse nur ungenau formulieren. Jeder gesprochene Satz enthält also verschiedene Informationen. Um diese möglichst genau zu erfassen, müssen Sie bildhaft gesprochen mit Ihren vier Ohren hören.

Anbei ein alltägliches Beispiel für dieses Vier-Ohren-Kommunikationsmodell (vielleicht haben Sie so etwas ja selbst schon erlebt):
Ein Mann und eine Frau sitzen beim Abendessen. Der Mann sagt: *„Da ist etwas Grünes in der Suppe."* Die Frau antwortet: *„Wenn es dir nicht schmeckt, kannst du ja selber kochen!"*

Was macht es mit Ihnen, wenn Sie mit Ihren vier Ohren zuhören? Mit welchem Ohr hören Sie meistens zu? Wie formulieren Sie Ihre Botschaften? Testen Sie das alles bei sich selbst. Sie werden feststellen, dass Sie zukünftig besser zuhören.

Die Kunst im Generellen ist es, immer alle vier Ohren offen zu halten. Falls Sie unsicher sind, was Ihr Gegenüber Ihnen sagen will, dann fragen Sie direkt, was er eigentlich sagen wollte! Machen Sie es sich einfach und schalten Sie Ihre direkte Betroffenheit ab und konzentrieren Sie sich sachlich auf die Botschaften Ihrer Mitmenschen.

Wenn ein Mensch zu Ihnen kommt und etwas erzählt, hören Sie erst einmal unvoreingenommen zu. Falls Sie keine Zeit zum Zuhören haben, teilen Sie das klar mit und machen eine Uhrzeit oder einen Termin aus, an dem Sie wirklich zuhören können. Dann hören Sie auch bitte wirklich zu. Gönnen Sie

Ihrem Mitmenschen, dass er aussprechen darf. Unterbrechen Sie ihn nicht ständig und fühlen Sie in die Worte hinein. Spüren Sie, was der Mensch eigentlich von Ihnen will und nicht so klar oder direkt sagt? Gehen Sie richtig in sich hinein. Fühlen Sie es? So werden Sie immer mehr auch das Unausgesprochene und die Motive der anderen verstehen und dann fassen Sie zusammen, was Sie verstanden haben und was Ihr Gegenüber von Ihnen will. Sie müssen nichts erraten und sich für nichts verantwortlich fühlen. Bleiben Sie bei sich und auf der Sachebene.

Darüber hinaus ist es noch sehr sinnvoll, in der Ich bin o. k., du bist auch o. k.-Grundeinstellung zu bleiben. Damit kommunizieren Sie auf Augenhöhe. Ein Gespräch in dieser Ebene ist gekennzeichnet von Zusammenarbeit und nicht von Über- oder Unterlegenheit. Sobald Sie dort herausfallen, sprechen Sie entweder belehrend in Ihrem „Eltern-Ich" oder fallen in das Opferspiel, auch genannt „Kind-Ich". Kommunikation funktioniert nur, wenn Sie und Ihr Gesprächspartner sich auf einer verständlichen Kommunikationsebene befinden. Wobei Sie hier natürlich spielen können. Stellen Sie fest, Ihr Gegenüber verfällt ins „Eltern-Ich", können Sie gut über das „Kind-Ich" mit ihm kommunizieren und auch umgekehrt.

Diese Persönlichkeitsstrukturen nach Bern lassen sich kurz wie folgt erläutern:

„**Eltern-Ich**": belehrend, befehlend, kümmernd, kontrollierend, kritisch. Hier spielen Ihr Wertesystem, Ihre Vorurteile, Ihre sozialen Normen und Ihre helfenden und unterstützenden Systeme eine Rolle.

„**Erwachsenen-Ich**": Ich bin o. k., du bist auch o. k., ist hier die elementarste Grundeinstellung. Hier spielt Ihre Intelligenz, Ihr angesammeltes Wissen und Ihre Lebenserfahrung eine entscheidende Rolle. Generell ist eine partnerschaftlich positive Einstellung im Vordergrund. Die Grundlage der Kommunikation bildet Akzeptanz und Respekt sich selbst und damit auch den anderen gegenüber.

„Kind-Ich": bettelnd, jammernd, angepasst, Opferhaltung. Diese Ebene ist abhängig von Ihrer Trieb- und Gefühlsebene.

Beugen Sie Konflikten vor, indem Sie klar sagen, was Sie wollen, und ebenso, was Sie nicht wollen. Seien Sie wirklich konkret. Spielen Sie nicht mit komplizierten Sätzen und verstecken Sie nichts hinter Andeutungen. Wenn Sie ein anderer verstehen und mit Ihnen kommunizieren oder Ihre Bedürfnisse erfüllen soll, sagen Sie genau, was Sie wollen. Niemand kann und muss Ihre Gedanken und Bedürfnisse erraten – nicht einmal Ihr Partner. Sie sind für sich selbst und für Ihr Glück verantwortlich, also handeln Sie auch entsprechend.

Das gilt auch für Situationen, in denen Sie einfach mal nur Ihr Herz ausschütten wollen. Sagen sie gleich zu Beginn, dass Sie einfach nur etwas loswerden möchten und auf gar keinen Fall eine Meinung oder einen Rat wollen. Dann erzählen Sie. Erwarten Sie dann jedoch auch keine Meinung oder irgendeine Zustimmung. Werden Sie sich also in jeder Situation zuerst einmal klar, was Sie wirklich wollen, was Ihr Motiv ist und dann fangen Sie mit dem Gespräch an.

In einem Konflikt oder Streitgespräch, wie immer Sie es nennen, bleiben Sie so gut es geht ruhig und sachlich. Vermeiden Sie defensive Kommentare, die den anderen verletzen und so den Konflikt noch anheizen. Gestehen Sie dem anderen seine Meinungen und seine Gefühle zu und bleiben Sie bei Ihren eigenen Empfindungen.

Sprechen Sie in einem Konflikt sachlich Ihre Gefühle an, wie z. B.: *„Ich fühle mich von dir verletzt oder nicht geachtet"*, oder, oder, oder. Was immer sich gerade in Ihrem Inneren zeigt, kommunizieren Sie es, Sie haben es verdient, Ihren Gefühlen Luft zu verschaffen. Bringen Sie Ihre Gefühle, Motive und Interessen zum Ausdruck, damit der andere besser verstehen kann, was gerade in Ihnen passiert oder was der Zustand in Ihnen auslöst und was Sie von ihm erwarten. Sprechen Sie alle Punkte an, die Sie wirklich stören. Alle, nicht nur einen Teil. Es ist nicht ratsam, ständig nachzulegen. Legen Sie alle Karten auf den Tisch, damit alle Beteiligten genau wissen, worum es Ihnen geht, und auch, was Ihr Ziel und Ihre Vorstellung ist. Konzentrieren Sie sich auf diese Punkte und den Weg. Drehen Sie sich nicht in einem Schneckenhaus der Probleme, bis keiner mehr weiß, worum es jetzt wirklich geht. Fokussieren Sie nach der Schilderung des Problems und der dazugehörenden Emotionen die möglichen Lösungen. Machen Sie Vorschläge. Ständig in der Vergangenheit zu wühlen und immer nur zu wissen, was nicht klappt und warum, schafft Ihnen im Konfliktgespräch nur Fronten, die von Schuldzuweisungen geprägt sind, das bringt Sie keinen Schritt weiter.

Lassen Sie die Vergangenheit ruhen. Diese ist nicht veränderbar. Akzeptieren Sie diese und arbeiten besser gemeinsam mit Ihren Gesprächspartnern an der Zukunft. Achten Sie darauf, dass jeder Teilnehmer aktiv an der Lösung beteiligt ist und diese auch akzeptiert. Eine weitere wichtige Regel ist, dass jeder sein Gesicht wahren darf und Menschliches erstrangig ist, also vor sachlichen Dingen steht. Wenn die

Gefühlsebene geklärt ist, kann jeder am Konflikt Beteiligte auch wieder aktiv an der Lösung mitwirken.

Probieren Sie, auf den anderen zuzugehen. Recht haben hin oder her, und schlagen Sie, sofern Sie es mit sich vereinbaren können, einen Kompromiss vor und vereinbaren konkrete Maßnahmen und Verantwortlichkeiten. Stellen Sie sicher, dass Sie auch ein Zeitfenster vereinbaren und nicht nach vier Wochen feststellen, dass nichts passiert ist und Sie noch enttäuschter und wütender sind als vorher.

Beim nächsten Konflikt bitte nicht wieder mit der Vergangenheit anfangen und alles vermischen. Ich weiß, Frauen sind wie Elefanten, doch was vergeben und besprochen ist, muss dann auch geklärt und endgültig vorbei sein. Beherzigen Sie dies, wenn Sie mit Ihrem Partner, Freunden, Kollegen, Chefs etc. ein friedvolles Leben, geprägt von gegenseitigem Respekt, erleben wollen.

Arbeiten Sie bei einem Konflikt immer an einer Lösung zum Besten aller Beteiligten. Dadurch werden persönliche Motive unwichtig und die Lösung sowie die Gemeinschaft stehen im Vordergrund. Damit bleibt alles im Gleichgewicht und das ist für Sie als ausbalancierter Mensch das neue Zentrum Ihres Handelns. Sie befinden sich jenseits Ihres Egos und damit Ihrer Machtstrukturen. Lassen Sie Herz und Verstand denken und sprechen. Es ist gar nicht so schwer. Mit ein bisschen Übung bekommen Sie das mit Leichtigkeit hin. Schaffen Sie also eine Gewinner-Gewinner-Lösung, denn hier suchen alle Beteiligten eine Lösung, die für alle Seiten befriedigend ist und keiner verlässt die Situation als Verlierer. So wird bewusst oder unbewusst vermieden, ein neues Konfliktfeld zu schaffen, um sich für den erlittenen Verlust zu rächen.

Wenn Sie sich in Konfliktführerkennung üben wollen, dann richten Sie ab jetzt Ihren Fokus zuallererst auf sich selbst. Auf Ihre tiefsten Motive und Ihre Sichtweise über andere Menschen und Situationen. Sie können Menschen durchaus manipulieren, das wissen Sie. Doch nur, wenn Ihr Charakter aufrichtig und ehrlich ist und Ihr Motiv aus allumfassender Liebe besteht, führt Sie das langfristig zum Erfolg. Sie finden Glück, Frieden und lieben sich selbst. Dann akzeptieren Sie Ihr Gesicht auf Dauer morgens im Spiegel. Beachten Sie bei jedem Gespräch oder bei jedem Konflikt, was Sie unter Kapitel 7 schon erfahren haben: Jeder sieht seine Welt durch seine Brille und niemand ist wirklich ganz objektiv.

Versuchen Sie dann, die Brille Ihres Gegenübers zu beschreiben und Sie auch irgendwann einmal aufzusetzen. Sie betrachten damit die subjektive Realität des anderen, die dieser als Objektivität wahrnimmt. Es wird ein Aha-Erlebnis für Sie sein. Ihnen wird ein Licht aufgehen, weil Sie dann einen wirklichen Wechsel Ihrer Persönlichkeit vollziehen. Sie kommen zum Sehen und Sein.

Sie sehen Dinge plötzlich aus einem neuen neutralen Blickwinkel. Sie fühlen, denken und verhalten sich anders. Sie verstehen nun, dass jeder Mensch seine eigene Meinung besitzt und sich auch dementsprechend verhält. Hand in Hand geht damit, sich selbst in einem anderen Licht zu sehen. Manchmal begegnet uns dieser Effekt auch erst in einer schweren Krise, denn dann sehen Sie automatisch Ihre Prioritäten in einem anderen Licht. Doch Sie können das auch ohne schwere Krise erreichen. Überdenken Sie Ihre Einstellung und Ihr Verhalten, was zu Veränderungen Ihrer Persönlichkeit führt. Sie sehen die Dinge neu, weil Sie Ihre Einstellung geändert haben. Auch hier gilt wieder das universelle Gesetz: Wie innen, so außen.

Sie können Ihr Sehen nicht verändern, ohne Ihr Sein zu ändern, und das Gleiche gilt auch umgekehrt. Doch auch hier dürfen Sie ruhig bleiben. All das Wissen steckt bereits in Ihnen, nur verdeckt von Ihrem Glaubenssystem und Ihrem strengen Richter. Ihr gesunder Menschenverstand und Ihre Seele wissen alles und damit gelangen Sie zu einer tieferen Bewusstseinsebene. Ich nenne dies persönlich immer das Wissen hinter dem Wissen. Es steckt in uns allen. Spüren Sie in Ihrer Herzensgegend dieses warme Gefühl? Hier sitzt Ihr Wissen. Fühlen Sie es intensiv. Atmen Sie und genießen den Augenblick.

Arbeiten Sie an sich selbst, an Ihrem Wissen und Ihren Wünschen, dann werden Sie zu neuen persönlichen und zwischenmenschlichen Ebenen vorstoßen. Seien Sie unabhängig von anderen, ebenso von deren Lob und Anerkennung, also auch vom Applaus im Außen. Konzentrieren Sie sich, wie in Kapitel 7 gelernt, nur auf sich selbst. Unabhängige Menschen sind in der Lage, Ihre eigenen Bemühungen mit denen der anderen zu kombinieren. Diese gelangen so zum größtmöglichen Erfolg und damit zu Zufriedenheit. Das ist es doch, was Sie sich ersehnen.

Was ich Ihnen persönlich ganz besonders ans Herz legen möchte, ist echtes Zuhören. Hören Sie wirklich zu und verstehen Sie, was der andere oder die anderen Ihnen mitteilt bzw. mitteilen. Hören Sie auf, verstanden werden zu wollen, sondern beginnen Sie, die anderen zu verstehen. Hören Sie nicht länger nur unter dem Motiv zu, dem anderen best- und schnellstmöglich zu antworten. Hören Sie auf, bereits während der andere spricht, nach Antworten und Lösungen zu suchen. Lassen Sie lieber das Gesagte auf sich wirken. Was macht es mit Ihnen? Mit Ihren Gefühlen? Ihren Organen? Sind Sie innerlich eng und schwer oder weit und leicht? Filtern Sie das Gesagte nicht mehr durch Ihre Brille, sondern bleiben Sie mit Ihrer ganzen Aufmerksamkeit beim Gegenüber. Das erfordert unheimlich starke Konzentration. Doch dann verstehen Sie den anderen wirklich. Sie fühlen seine Motive und erkennen seine Gefühle. Sie achten auf seine Körpersprache und seinen Tonfall. Sie erhalten genaue Daten und unterstellen dem anderen nichts mehr. Nennen Sie es ruhig so: Sie analysieren so seine Bedürfnisse und erst nach einer vollständigen Ist-Aufnahme bieten Sie ihm Ihre Lösung an, falls er das wirklich möchte. Sie kontrollieren die Situation im positiven Sinn und verstehen Ihre Kommunikationspartner auf einer tiefen Ebene.

Ich kann Ihnen versprechen, es ist ein wunderbares Gefühl. So erhalten Sie auch eine neue Wertigkeit vom Außen. Sie bekommen Respekt, weil Ihr Kommunikationspartner Raum und Aufmerksamkeit bekommt. Das ist in unserer Zeit etwas ganz Besonderes. Öffnen Sie Ihr Herz. Zuerst für sich und dann für die anderen. Anschließend lassen Sie diese wunderbaren Veränderungen geschehen. Sie werden sich anders fühlen – versprochen. Probieren Sie es aus.

Zu guter Letzt lege ich Ihnen ans Herz, den Humor nicht zu vergessen. Seien Sie gelassen. Üben Sie sich in Gelassenheit. Lautes Lachen hilft dabei und befreit Ihre Seele.

Diese Gelassenheit hilft Ihnen, in Ihrer Wahrnehmung zu bleiben. Fühlen Sie immer, auch bei einem Konflikt, um was es denn wirklich geht. Was hinter den Worten oder hinter dem Angriff steht. Lassen Sie sich nicht von den äußeren Dingen blenden und akzeptieren Sie nicht die scheinbare Wirklichkeit. Fragen Sie immer im Innen nach Ihrem Gefühl. Es ist ein wunderbares Barometer und hilft Ihnen festzustellen, was der andere mit seinen Worten oder Taten bei Ihnen bewirkt oder auslöst. Nehmen Sie also immer wieder wahr, was Sie denken und fühlen, besonders wenn Sie sich über einen anderen ärgern. Fragen Sie sich: *„Warum ärgere ich mich überhaupt?"* Hinterfragen Sie, über was genau Sie sich ärgern. Lauschen Sie Ihrer inneren Stimme oder Ihren Gefühlen, die hochkommen. So erhalten Sie wunderbare Anhaltspunkte, was der ganze Konflikt mit Ihnen zu tun hat. Sie erkennen, welche Ängste immer noch in Ihnen sind oder welche Bewertungsschemas und Glaubenssätze noch in Ihrem Unbewussten schlummern. Ihr Innerstes weiß alles, vertrauen Sie darauf.

Wenn es dennoch einmal eng wird und Sie mitten in einem Konflikt sind, dann atmen Sie ruhig durch und sagen sich innerlich: „Alles ist gut in meiner Welt. Ich bin vollkommen in Ordnung. Der Konflikt macht innerlich nichts mit mir. Ich meistere diesen mit Leichtigkeit und Freude." Streichen Sie sich dabei sinnbildlich in Gedanken über den Kopf und denken Sie dabei: „Ich bin stets beschützt und geliebt."

Wenn Sie bemerken, dass dies nicht ausreicht, dann fliehen Sie ruhig aus der Situation, in dem Sie zum Beispiel auf die Toilette gehen. Blicken Sie in den Spiegel und sagen Sie die oberen Sätze laut zu Ihrem Spiegelbild und halten dabei Augenkontakt. Das hilft Ihnen garantiert. Das tiefe Atmen bitte nicht vergessen ;-).

Auch dieser Weg verläuft bergauf und bergab. Gehen Sie diesen abwechselnd mit größeren und kleineren Schritten. Sie werden keine Situation und keinen Menschen je wieder fürchten. Sie können alles erreichen, wenn Sie es nur wollen. Denken Sie immer daran! Sie sind wunderbar und verdienen Frieden, Liebe und Glück.

21. Wut

Furcht, Zorn und Wut sind Emotionen, die aus derselben Quelle stammen: aus jenen Bereichen Ihres Lebens, in denen Sie krampfhaft an Personen oder Dingen festhalten und nicht bereit sind, diese loszulassen.

Um Zorn und Wut zu überwinden, ist es für Sie wichtig, negative Kommentare, wie *„Ich werde das niemals schaffen. Ich kann das nicht. Ich werde das niemals überwinden"* hinter sich zu lassen; denn dadurch erschaffen Sie diese negativen Emotionen immer wieder.

Stattdessen glauben Sie ab jetzt felsenfest daran, dass Sie alles erreichen können. Sie sind in Sicherheit und es ist in Ordnung, auch einmal wütend und zornig zu sein oder Bitterkeit zu fühlen. Auch diese Gefühle gehören zu Ihnen. Sie lieben sich sehr, wenn Sie zu all diesen Emotionen und Gefühlen stehen und diese als Teil Ihres Selbst anerkennen. Das ist eine wirklich große Leistung.

Übung:
Gehen Sie hinaus ins Freie und suchen Sie sich einen geeigneten Ort, um laut schreien zu können, brüllen Sie um Ihr Leben. Lassen Sie alles raus, was in Ihnen ist, die ganze Wut, den Zorn, den Schmerz und die Enttäuschung. Kreischen Sie, stampfen Sie, hüpfen Sie. Steigern Sie sich richtig in Ihre Gefühle hinein. Lassen Sie sich fallen. Nehmen Sie einen Ast oder Zweig aus der Natur in Ihre nicht dominante Hand und schlagen Sie auf einen Stein oder eine Bank in Ihrer Nähe. Wenn Tränen und Bilder kommen, ruhig erscheinen lassen und willkommen heißen. Schenken Sie Ihnen keine große Aufmerksamkeit, sonst trennen Sie sich von Ihren Gefühlen und begeben sich zurück zu Ihrem analytischen Verstand.

Also, verschaffen Sie nur Ihren Gefühlen Luft und leben Sie diese richtig aus. Sie werden sich befreit und leichter fühlen. Brüllen Sie ruhig weiter. Nicht aufhören. Schreien Sie auch beim Schlagen. Atmen Sie laut aus. Das ist alles in Ordnung. Machen Sie Ihrem Innersten Luft und befreien Sie sich selbst. Ja, lauter schreien! Es ist Ihr Leben, also schreien Sie!

Sie werden von selbst merken, wenn es fürs Erste genug ist. Sie spüren dann Erleichterung oder müssen einfach lachen. Tun Sie's. Sie haben es sich verdient.

Danken Sie dem Stein, dem Ast, dem Zweig oder der Natur für den Dienst, welche diese leisteten. Wenn Sie können, dann gehen Sie zu einem Baum und umarmen diesen. Ziehen Sie den Frieden und die Kraft des Baumes richtig in Ihr Energiefeld. Legen Sie ruhig auch die Stirn an die Baumrinde. Atmen Sie ganz ruhig und genießen Sie dieses Gefühl. Riechen Sie den Duft des Baumes. Vergessen Sie dabei nicht, stolz auf sich selbst zu sein und sich ausgiebig zu loben für das, was Sie errungen haben.

Keine Angst, Sie blamieren sich nicht und lassen sich auch nicht unkontrolliert gehen, wenn Sie diese Übung durchführen. Wenn Sie nicht schlecht von sich denken, wird auch keiner schlecht von Ihnen denken. Sie sind deswegen nicht gewalttätig, sondern nur ein Mensch mit Emotionen.

Planen Sie diese Übung ein, wenn es Ihnen bei der Umsetzung hilft. Nehmen Sie sich ausreichend Zeit dafür und nehmen Sie, falls Sie das Gefühl haben, einen Begleiter zu brauchen, nur jemanden mit, der Sie machen lässt und Sie nicht auffangen und trösten möchte. Das schaffen Sie alleine. Vertrauen Sie mir. Sie verirren sich nicht in Ihrer Wut.

Bitte denken Sie nicht, dass es mit einem einmaligen Wutabbau getan ist. Wut kommt regelmäßig. Um kleinere

Energieschübe loszuwerden, schreie ich auch gerne im Auto beim Fahren. Ganz laut und so lange, bis meine Stimme vibriert oder mein Hals weh tut. Es befreit mich ungemein. Ihrer Umwelt zuliebe bitte ich Sie, dies nur zu tun, wenn Sie alleine im Auto sitzen oder irgendwo stehen ;-).

Andere Menschen berichteten mir, große Erleichterung zu verspüren, wenn Sie mit dem Kissen auf Ihre Betten einschlagen. O. k., wenn es hilft, die Wut herauszulassen und sie nicht gegen sich selbst oder gar gegen Ihr unmittelbares Außen (Partner, Kinder) gerichtet ist, tun Sie es. Verschaffen Sie Ihren negativen Gefühlen Raum und Zeit. Sonst werden Sie entweder krank, aggressiv oder gar gewalttätig. Helfen Sie sich und Ihrem Körper. Es ist völlig in Ordnung, wütend zu sein. Sie sind definitiv völlig normal!

Es gibt dabei kein Falsch. Sie können bei dieser Übung nichts verkehrt machen. Alles, was hilft, diese drückende zerrende Energie, die Sie fast zum Platzen bringt, frei zu geben, ist willkommen. Tun Sie es nur sich selbst zuliebe. Steigern Sie sich wirklich hinein. Hüpfen und Stampfen hilft, das Wutgefühl zu rufen und zu verstärken. Es ist nicht wichtig zu wissen, wo die Wut herkommt, es ist wichtig, dass Sie diese freigeben. Folgen Sie Ihren Impulsen, diese werden Sie auf wunderbare Art und Weise führen. Erlauben Sie Ihrer Wut, sich jetzt zu zeigen. Sagen Sie ihr, dass Sie bereit sind, diese jetzt zu leben. Nachdem Sie diese gelebt haben, lassen sie diese gehen.

Ich bin sehr stolz auf Sie. Dazu gehört viel Mut und Selbstvertrauen. Sie schaffen das, ich weiß es. Es ist nur ein erster Schritt und ein Überwinden. Mein Geist begleitet Sie auf alle Fälle.
Also los, Jacke an, raus und los geht es!

Affirmation:
Ich lasse alle Verbitterungen und allen Zorn los. Ich vergebe mir jetzt. Mein Leben ist leicht. Ich überschreite die Grenzen meiner Eltern.

Wenn die Wut befreit ist, spüren Sie eine innerliche Freiheit und Leichtigkeit. Dies kann sich groß oder klein anfühlen. Nehmen Sie das nur über Ihren Körper und Ihre Aufmerksamkeit wahr und füllen Sie die Plätze, die energetisch nun frei geworden sind, mit Ihrer Liebe zu sich selbst. Stellen Sie sich einfach eine Lichtdusche vor, die mit goldweißem Licht alle frei gewordenen Plätze mit Ihrer Liebe zu sich selbst anfüllt.

Ist das nicht ein wunderbares Gefühl? Sie sind wunderbar und mutig. Leben Sie jetzt – mit allen Facetten. All das gehört zu Ihnen. Sie werden wieder ganz und damit heil. Sie sind ein wunderbarer Mensch. Ich danke Ihnen.

Übung:
1. Lassen Sie das negative Gefühl (Wut, Trauer, Angst, Feindseligkeit, Groll, Selbstmitleid, Hoffnungslosigkeit, Verbitterung, Zorn) aufsteigen.
2. Nehmen Sie das Gefühl wahr und fühlen Sie es.
3. Das Gefühl verlässt Ihren Körper mit dem Atmen in Form eines Lautes oder eines körperlichen Empfindens.
4. Anschließend (nehmen Sie sich so viel und so oft Zeit, wie Sie brauchen) spüren Sie die Erleichterung.

Wenn sich ein solches negatives Gefühl tatsächlich auflöst, verschwindet ebenso aller Widerstand, der mit diesem Thema im Zusammenhang stand. Beachten Sie bitte, dass starke Gefühle wie Schuld und Scham nur in winzigen Schritten kapitulieren. Haben Sie Geduld mit sich selbst, auch wenn Sie glauben, nur wenig losgelassen zu haben. Loben Sie sich, indem Sie sagen, dass das alles war, was Sie momentan annehmen und leben, was damit gehen konnte. Bleiben Sie dabei immer in der Liebe zu sich selbst.

Übung:

Nehmen Sie sich etwas zu schreiben und vollenden Sie bitte den Satz:

„Im Moment fühle ich mich wirklich ...?"

Dann legen Sie los und schreiben Ihre komplette aktuelle Gefühlslage auf. Gehen Sie richtig tief in die Emotionen. Trauen Sie sich, indem Sie sich fallen lassen. Leben Sie diese, dann wird sie gehen.

Konkret bedeutet dies,
– wenn Sie weinen wollen, dann weinen Sie,
– wenn Sie schreien müssen, tun Sie es,
– wenn Sie dabei lachen müssen, auch das ist willkommen.

Folgen Sie Ihren Gefühlen. Leben Sie diese, indem Sie Ihre Emotionen herauslassen und so frei geben. Sie fühlen sich danach freier, weiter und leichter.

Seien Sie von den hochkommenden Gefühlen nicht überwältigt, sondern entscheiden Sie sich dafür, diese zu fühlen, bis sie verschwunden sind. Dies ist die grundlegendste Form der Heilung. Jedes Gefühl will erst gespürt werden, dann kann es für immer gehen. Sie kommen nicht drum herum, also machen Sie es sich leicht und erlauben Sie sich die Emotionen.

Es ist nie so schlimm, wie Sie glauben, und ja, es wird vorbeigehen. Trauen Sie sich und öffnen Sie Ihren Deckel. Lassen Sie Ihren Vulkan endlich einmal sprudeln. Das wird Sie lebendig machen, danach sehnen Sie sich doch, nicht wahr?

22. Inneres Kind

Das innere Kind ist eine Verdeutlichung Ihrer Vergangenheit. Es ist eine Sammlung der Erfahrungen aus Ihrer Kindheit. Es sitzt in Ihrem Emotionalkörper und ist bis heute in Ihnen höchst lebendig. Noch heute beeinflusst es Ihr Denken und Handeln und die Liebe zu sich selbst, auch wenn Sie es nicht glauben. Daher ist es an dieser Stelle unbedingt ein paar Worte wert.

Da es für eine stabile Selbstliebe elementar wichtig ist, alle Teile von sich zu lieben, widmen wir uns nun Ihrem inneren Kind. Es wird Ihnen Leichtigkeit, Freude und ein tiefes Verständnis für sich selbst und Ihre heutige Persönlichkeit geben. Sie entwickeln Liebe, Fürsorge und Wärme für sich selbst und das ist unser gemeinsames Ziel. Wichtig ist bei allen Arbeiten mit Ihrem inneren Kind, Ihre Kindheit und Jugend nicht mehr verändern zu wollen, sondern aus vollem Herzen Ihr Kind bzw. Ihre Jugend für alle Erfahrungen anzuerkennen. Nehmen Sie den gegangenen Erfahrungsweg an, denn er hat Sie zu dem gemacht, der/die Sie heute sind. Er birgt eine sehr große Kraft und viel Mut in sich. Erkennen Sie sich und Ihre Eltern endlich als Teil Ihres Lebens an. Es bringt Ihre Energie wieder zum Fließen.

Übung:

Legen Sie Papier und Stifte bereit. Visualisieren Sie sich in Ihre Kindheit und wenn Sie ein festes Bild von sich selbst haben, schreiben Sie einen Brief über Ihre Kindheit. Ihre Erfahrungen, Erinnerungen und Emotionen. Lassen Sie alles raus. Ihre Wut, Ihre Tränen, Ihren Zorn und auch Ihre Scham. Alle Verletzungen wollen aus Ihrem Innersten heraus ans Tageslicht und gesehen werden. Stehen Sie zu diesen Gefühlen, zu diesen Situationen und zu diesem Kind. Sie können die Emotionen, die hochkommen, aushalten und jederzeit zu sich selbst zurückkommen. Sagen Sie sich zum Zurückkommen einfach: *„Ich bin die oder der ich bin"*, und schon sind Sie wieder bei sich. Seinen Sie mutig. Spüren Sie all Ihre Kindheitswunden. Atmen Sie diese Gefühle tief ein und beim Ausatmen geben Sie diese frei. Es wird Sie befreien. Ja, auch wenn es erst schwer fällt, schreiben Sie sich in Ihre Welt hinein. Sie haben genug Kindheitserinnerungen in Ihrem Gedächtnis gespeichert. Beschreiben Sie diese, wenn Ihnen das hilft, in Ihre Emotionen einzutauchen. Nehmen Sie sich viel Zeit. Weinen Sie, schreien Sie, schluchzen Sie und wenn es zum Lachen ist, dann lachen Sie. Falls Sie wütend werden, dann ist das auch in Ordnung. Lassen Sie Ihrer Wut, wie unter Kapitel 21 beschrieben, freien Lauf. Sie finden Ihren Weg! Leben Sie Ihre Emotionen, erst danach sind Sie frei von versteckten und unterdrückten Gefühlen. Sie fühlen Ruhe und Frieden und kommen bewusst in Ihrer Wahrnehmung an. Sie können sich fühlen. Ist das nicht ein wunderbares Geschenk?

Spüren Sie bei oder nach dieser Übung noch einen inneren Widerstand? Dann haben Sie jemand, z. B. Ihren Eltern, noch nicht verziehen. Vielleicht auch sich selbst und dem Kind in Ihnen noch nicht. Nehmen Sie als Erwachsener Ihr Kind liebevoll in den Arm und verzeihen Sie ihm. So gehen Sie immer weiter. Fragen Sie sich, wem Sie nicht verzeihen wollen und gehen dann gedanklich hin und verzeihen ihm. Es wird Sie erleichtern und Sie werden nicht mehr mit selbstgerechten Maßstäben urteilen. Im Verzeihen liegt eine große heilende Macht. Nutzen Sie diese für sich selbst.

Familie, Blutsbande, frei sein von karmischen Blutlinien und Verwicklungen – ein Wunsch, den wir alle in uns tragen. Doch jetzt ist es möglich. Die Phase des Dienens in der

Familie endet hier. Sie besitzen diese Freiheit. Ihre Familiengeschichte und Verwicklungen müssen Ihr „Sein" nicht mehr berühren. Das Alte löst sich jetzt. Ihre Seele wird auf sich selbst zurückgeworfen. Die gehaltene Energie zeigt sich jetzt, um endgültig gelöst zu werden. Dies zeigt sich auch durch das neue Bewusstsein der Menschen. Die Energien zeigen sich, so wie sich die Energien zeigen können, durch Ereignisse, Träume ... Es geht für Sie um das Wahrnehmen, wie die einzelnen Seelen jetzt ringen, leiden etc. Es geht um Ihre innere Haltung, nur ums Wahrnehmen – ohne Stellung zu beziehen und sich damit nicht mehr zu identifizieren. Ein jeder darf sein, wie er mag, und ein jeder darf leben, wie er leben will. Auch Sie und auch jedes Mitglied Ihrer Familie. Nehmen Sie nur wahr, ohne zu urteilen. Das ist die Perspektive: Alles in Ihrer Familie, jedes einzelne Schicksal, jede Verstrickung hat mit Ihrem Kern nichts mehr zu tun. Beginnen Sie, innerlich voneinander frei zu werden.

Prüfen Sie: Welche emotionalen Verträge verletzen Sie, wenn Sie klüger als Ihr Vater, schöner als Ihre Mutter oder gar glücklicher als Ihre Eltern wären? Es ist jetzt Zeit, diese Verbindungen aufzulösen. Seien Sie endlich das, was Sie sein wollen! Sie sind frei. Entscheiden Sie sich dafür.

Warum sollen Sie am inneren Kind arbeiten?

Das innere Kind ist ein sehr wichtiges Wesen für Sie. Wenn es glücklich ist und sich geborgen fühlt, dann sind Sie voller Kraft, Freude, Zuversicht und Lebensmut. Ist es dagegen einsam, verletzt, traurig oder wütend, dann scheint in Ihrem Leben nichts richtig zu funktionieren. Egal, wohin Sie blicken, Sie treffen immer wieder auf die gleichen Themen. Sie haben das Gefühl, nie zu bekommen, was Ihnen wirklich zusteht und was Sie brauchen. Sie fühlen sich ignoriert, einsam, unverstanden, bekommen zu wenig Geld, Liebe und Zuwendung.

Sie sind ein Opfer der Gesellschaft, eines Mannes oder den Ansprüchen einer Frau, eines Arbeitgebers oder Kollegen – kurz, Sie fühlen sich nicht als das, was Sie in Wirklichkeit sind.

Übung:

Betrachten Sie sich selbst als Baby, über das Kleinkindalter, Kindergartenkind, Vorschulkind, Schulkind, Teenager bis zum Erwachsenen. An jeder Station machen Sie kurz Halt und nehmen sich selbst in den Arm. Sagen Sie sich dabei, wie stolz Sie auf sich sind und wie sehr Sie sich für alles lieben. Das heilt viele Wunden. Sprechen Sie dem jeweiligen Teil Ihres Selbst Mut zu und geben Sie ihm einen Ausblick in die Zukunft. Wie gut es Ihnen heute geht. Wie dankbar Sie sind, dass z. B. das Kleinkind laufen, essen oder das Schulkind schreiben und lesen lernte. Bedanken Sie sich aus ganzem Herzen und nehmen Sie diesen Teil von Ihnen wieder in Ihr Herz. Ganz bewusst mit allem, was war und mit all den Erfahrungen, die Sie für Ihr Leben geprägt haben. Es ist eine wunderbare Übung, bei der Sie auf Ihre Leistungen blicken können, auf all das Selbstverständliche in Ihrem Leben und dem Teil von Ihnen Dank und Anerkennung zollen können, der dies für Sie als Grundstein Ihrer Entwicklung gelegt hat.

Mit dieser Arbeit erlauben Sie all Ihren Persönlichkeitsanteilen, „erwachsen" werden zu dürfen.

Ja, auch wenn Ihre Kindheit furchtbar war. Akzeptieren Sie diese. Es war die Kindheit, die Sie sich ausgesucht haben. Warum auch immer. Weinen und schreien Sie Ihre Verletzungen in diese Welt. Schreiben Sie endlich diesen Brief mit all Ihrem Schmerz und sagen Sie „Ja" dabei. „Ja, das war meine Kindheit. Ich nehme meine Kindheit als meinen Teil an. Ich danke dir, Vater, und dir ,Mutter. Ihr habt mir mein Leben geschenkt. Ich nehme es jetzt endlich vollkommen an. Ich sage „Ja" zu meinem Leben, zu meinem Körper und zu meiner Verantwortung. Ich nehme euch jetzt als meine Eltern an. Ihr besitzt immer einen Platz in meinem Herzen. In Achtung und Würdigung betrachte ich euer Schicksal."

Tun Sie sich selbst einen Gefallen und setzen Sie kein „Aber" dahinter. Lassen Sie die Energie frei fließen und entfalten. Holen Sie sich so Ihre Kraft und Ihre Macht zurück.

Übung:

Entwickeln Sie innerlich ein Bild von Menschen, Engeln, Feen, Lehrer, Geistwesen oder was immer Sie möchten. Diese weilen an einem wunderbaren Ort und kümmern sich um Ihr inneres Kind, so wie Sie sich das wünschen. Sie wissen nun, dass ab sofort für Ihr Kind sehr gut gesorgt ist.

Ihr inneres Kind entwickelt sich durch dieses Arbeiten an ihm zu einem bewussten Teil Ihres Selbst. Es schlummert dadurch nicht mehr unbewusst in Ihnen und mischt sich nicht mehr in Ihr Leben ein. Sie handeln aus einer starken, gefestigten Position heraus. Das entspricht der Einstellung von „Ich bin o. k." und „Du bist o. k.".

In besonderen Konfliktsituationen, wie Ärger, Müdigkeit und Überforderung, gehen Sie mit Ihrer Aufmerksamkeit zu Ihrem inneren Kind. Umarmen Sie es liebevoll und teilen Sie ihm mit, sich als Erwachsener selbst um die Situation zu kümmern. Sie bleiben dabei ruhig und lösen die Situation zum Besten aller Beteiligten. Ihr inneres Kind schicken Sie währenddessen in einen wunderschönen Seelenraum zum Spielen.

Übung:

Stellen Sie sich ein Kind vor, das gerade gelobt wird. Seine Augen leuchten und glänzen vor Stolz und Freude. Jedes Mal, wenn Sie sich selbst loben, lieben und danken, erstrahlt

Ihr inneres Kind und möchte noch mehr für Sie tun.

Jedes Mal, wenn Sie sagen: „Das war nicht gut genug, das hättest du besser machen können", Ihr inneres Kind kritisiert wird, verschließt es sich.

Was wählen Sie? Wie gehen Sie ab jetzt mit sich um?

Die Lösung: Loben Sie sich ab sofort innerlich. Nehmen Sie sich in den Arm und danken sich für alles, was Sie sind. Genießen Sie dieses Gefühl. Lassen Sie sich richtig fallen – tief und intensiv. Wickeln Sie sich wohlig in dieses gute Gefühl ein. Das sind alles Sie. Richtig, gut genug, wertvoll – einfach wunderbar, weil Sie immer Sie sind und sich nie verlieren! Preisen Sie die Einzigartigkeit Ihrer Kinder, deren Schönheit, Mut und Durchhaltevermögen.

Sagen Sie sich all die Sätze, von denen Sie sich gewünscht haben, dass Sie Ihre Eltern zu Ihnen sagen. Sagen und schreiben Sie sich diese jetzt einfach selbst auf. Das hat eine heilende Wirkung. Führen Sie dies regelmäßig aus, benutzen Sie es wie Balsam, den Sie auf Ihre Seele auftragen.

Übung:
Denken Sie zurück an Ihre Kindheit. An welches Alter erinnern Sie sich spontan? Wann hört die Erinnerung auf? Warum hört Ihre Erinnerung auf? Fragen Sie sich, ob es Ihnen peinlich ist, wenn Sie an das Kleinkind zurückdenken, das Essen verschmiert, in die Hose gemacht hat und oft hingefallen ist? Prüfen Sie diese Gedanken sorgfältig. Viele Menschen erinnern sich bis ca. zum Alter von 4 bis 5 Jahren zurück. Sie blenden die Zeit davor aus und wollen mit dem Kleinkind in sich nichts mehr zu tun haben. Doch stellen Sie den Kontakt zu diesem Kindheitsteil wieder her. Er ist wichtig. Machen Sie Ihrem Kind Mut und sagen Sie ganz oft, wie stolz Sie sind, dass es den Grundstock für Ihr Leben mit seiner Zähigkeit

und seinem Durchhaltevermögen gelegt hat. Wie froh Sie sind, dass es das alles für Sie geleistet hat. Wie wunderbar es ist.

Löschen Sie dabei auch alle „Neins" Ihrer Eltern. Alle „Das kannst du nicht" und „Das darfst du nicht". Erlauben Sie sich und dem Kleinkind ab jetzt alles.

Oft ist es sehr schwer, den Kontakt zu diesem Kindheitsteil in sich wieder herzustellen, da er lange verdrängt wurde. Doch bleiben Sie hartnäckig. Es lohnt sich auf eine für Sie unvorstellbar heilende Weise. Sagen Sie diesem Kind, Baby, auch schon im Mutterleib regelmäßig, auch wenn es sich noch nicht zu erkennen gibt, wie sehr sie es lieben, dass Sie ab jetzt immer da sind, sich darum kümmern und es niemals im Stich lassen. Stellen Sie sich gedanklich vor, wie Sie Ihr Kleinkind auf den Arm oder es an der Hand nehmen und sie beide eine wunderschöne Zeit zusammen verbringen. Auch wenn Sie Ihr Kind vielleicht nicht sofort sehen, Sie werden es spüren. Verlassen Sie sich darauf. Seien Sie beharrlich und gönnen Sie Ihrem Kind täglich zwei Minuten. Es lohnt sich!

Doch denken Sie daran, Ihre Versprechen zu halten. Sie wissen selbst, wie wichtig Ihnen Zuverlässigkeit ist!

Kaufen Sie sich und Ihrem inneren Kind ein kuscheliges Stofftier. So eines, das Sie schon immer haben wollten oder Sie ganz besonders anspricht. Nehmen Sie dieses Stofftier regelmäßig fest in die Arme. Es erinnert Sie an Ihr inneres Kind und daran, dass es Zeit für liebevolle Gedanken ist. Auch an die Zeit, etwas zu tun, was Ihr Kind will. Es muss nichts Großartiges mit Sinn sein. Gut ist auch etwas, wo nur Spaß im Vordergrund steht. Etwas absolut Unnützes: Malen, basteln, singen oder kaufen Sie sich einfach ein Eis. Was auch immer Sie tun wollen, tun Sie es, das Kind in Ihnen wird es Ihnen danken.

Treffen Sie jetzt die Wahl, sich ab sofort liebevoll um Ihr Kind zu kümmern und lieben Sie es! Sie genießen mit Leichtigkeit, Freude und Mut Ihr Leben.

23. Selbstliebe und Gewicht

Wenn Sie an Ihrer Selbstliebe durch Ihr Gewicht oder das Aussehen Ihres Körpers (Ihrer Figur) gehindert werden, dann lieben Sie sich immer noch nicht selbst. Nicht verzweifeln. Gehen Sie mit kleinen Schritten nach vorne, nur tun Sie es. Sie sind schon dabei. Also bleiben Sie einfach auf Ihrem Weg. Vielleicht bringt dieses Kapitel noch etwas mehr Licht in Ihre inneren Einstellungen, um die nächste Etappe besser meistern zu können – nur Mut. Bleiben Sie weiterhin offen und lieben Sie Veränderungen!

Solange Sie Ihren Körper und dadurch Ihr momentanes Gewicht ablehnen, bewerten Sie sich. Sie beurteilen und bemängeln sich laufend, weil Sie sich mit Augen von außerhalb betrachten. Sie sehen sich durch die Bewertungsaugen der Umwelt. Sie richten sich nach den illusionären Wertmaßstäben und kritisieren sich. Sie sind also in diesen Momenten nicht bei sich selbst. Sie sind im „Du-Fokus" gelandet und nicht im „Ich-Fokus" (siehe Kapitel 7). Sie sind dadurch nicht mit sich selbst einverstanden, indem Sie sagen: *„Ich bin wie ich bin – jetzt in diesem Moment. Ich kann es weder verändern noch leugnen, noch brauche ich es zu ändern. Dieser Körper ist jetzt genau so, wie ich mich hier auf dieser Erde ausdrücken möchte. Diese Situation zeigt eine Disharmonie in mir auf. Das ist, warum auch immer ich jetzt mit diesen*

Energien so umgehe, das, was ich für mich in die Sichtbarkeit bringen möchte.“ Sehen Sie, so bringen Sie sich in diesem Moment zurück in Ihren „Ich-Fokus“. So sind Sie einverstanden mit sich selbst und gehen aus der Distanz zu sich selbst.

Während Sie im „Du-Fokus“ leben, also sich mit den Augen anderer betrachten, so lange bewerten und lehnen Sie sich selbst ab. Sie beäugen sich selbst kritisch und denken dabei im Stillen immer wieder: *„Ich bin nicht das, was die Norm von mir erwartet. Ich bin nicht diejenige, die geliebt werden könnte. Ich bin nicht schön.“* Durch all diese Bewertungen leben Sie nicht sich selbst und damit nie in sich selbst. Sobald Sie jedoch in sich selbst ruhen und mit sich einverstanden sind, mit dem, was Sie jetzt gerade repräsentieren, beginnt die Veränderung.

So beenden Sie den ständigen Kampf oder Krieg gegen sich selbst.

Sie versuchen, solange Sie im „Du-Fokus“ leben, so zu sein, wie die Masse meint sein zu müssen, um wertvoll und liebenswert zu sein. Weil Sie dazugehören möchten? Sie trennen sich also nicht nur von sich selbst, sondern übernehmen auch noch die Wertvorstellungen der anderen. So versuchen Sie auch hier letztendlich nichts anderes, als Ihrer Angst Ausdruck zu verleihen, aus der Einheit herauszufallen. Die Sehnsucht nach Einheit, nach Gemeinschaft ist mit eine der größten, die wir alle in uns tragen. Deshalb sehnen Sie sich nach Liebe im Außen, nach Gemeinsamkeit. Sie wollen so gerne ein Teil davon sein und führen auf diese Art und Weise Krieg mit sich selbst. Es ist der erbärmliche Versuch, sich vorzustellen, dass Sie nicht geliebt werden können, weil Sie vorgegebenen Maßstäben nicht genügen. Weil Sie anders sind als die Vorgabe. Deshalb versuchen Sie immer wieder, sich anzupassen und verlassen dabei Ihren eigenen Weg. Der Zeitpunkt ist jetzt gekommen, diesen Zwiespalt zu beenden. Begeben Sie sich erneut in Ihre Kampfarena und führen bitte noch einmal die Übung aus Kapitel 8 durch.

Jetzt ist der richtige Moment, die Einheit in sich selbst zu finden, unabhängig davon, ob Sie nun in eine Gemeinschaft oder in die Anerkennung einer Gruppe gehören. Stehen Sie zu sich, genauso wie Sie jetzt sind, mit Ihrem ganzen Sein. Erkennen Sie sich endlich mit der Schönheit und Größe an, die Ihr Wesen ausmacht. Als Krönung können Sie sich endlich lieben. Sie lassen sich die Anerkennung zukommen, nach der Sie sich so sehr sehnen. Sie werden satt und brauchen keine Bestätigung von außen. Sie trennen sich nicht mehr von sich selbst, sondern sind mit sich einverstanden. Damit meine ich nicht, sich ab jetzt nicht mehr um sich selbst zu kümmern, sondern es geht wirklich zuerst darum, damit einverstanden zu sein, was ist. Solange Sie sich als Versager sehen, wenden Sie sich der Energie des Nährenden zu. Ebenso wenn Sie von Außen etwas erwarten und nicht bekommen, wie z. B. Lob, Zuwendung, Zeit, Anerkennung etc.

Wählen Sie, die Trennungen in sich zu heilen, und beobachten Sie, was hochkommt und Ihnen in Ihrem Leben begegnet.

Fühlen Sie, wie großartig und wundervoll Sie sind. Hegen Sie keinerlei Zweifel daran, dass ein anderer dies nicht genauso sieht, da Sie selbst nicht mehr so denken.

Übung:
Nehmen Sie wahr, wie oft und in welchen Situationen Sie sich besonders häufig durch die Augen von Außen wahrnehmen. Wann Sie sich selbst kritisieren und wann Sie tatsäch-

lich in sich ruhen.

Beobachten Sie sich regelmäßig. Es wird Ihnen sehr viel Aufschluss über Ihre eigenen Gedankenkonstrukte sowie über Ihr Selbstbild geben. Korrigieren Sie dieses Schritt für Schritt. Gehen Sie immer so weit, wie Sie sich sicher fühlen. Fragen Sie sich, woher dieses Weltbild kommt, um sich dann bewusst für ein neues zu entscheiden, für Ihr eigenes. Sie dürfen glücklicher sein als Ihre Eltern, und auch anders. Denken Sie immer daran. Sie dürfen auch glücklicher als Ihre Geschwister sein. Schreiten Sie einfach auf Ihrem ganz persönlichen Weg weiter – einem neuen Weg. Gehen Sie neue Wege, indem Sie völlig neue Herausforderungen anstreben. Betrachten Sie alle Themen, die hochkommen, ganz genau. Nehmen Sie sich nicht zu viel auf einmal vor. Denken Sie daran, es handelt sich um einen Entwicklungsprozess.

Legen Sie die verstandesmäßigen Analysen beiseite und quälen Sie sich nicht länger mit dem „Wieso?" und „Weshalb?".

Akzeptieren Sie sich so, wie Sie sind: einmalig und wundervoll!

Selbstliebe ist ein natürlicher Zustand. Vertrauen Sie darauf. Es liegt an und in Ihnen. Es ist ein einfacher, wundervoller und spannender Weg, zu sich selbst zurückzufinden.

Es gelingt Ihnen, vertrauen Sie darauf. Sie sind doch schon dabei. Hören Sie auf zu suchen und gehen Sie diesen Weg in Liebe und Vertrauen zu sich selbst.

Übung:

Legen Sie sich bequem hin. Die Hände liegen parallel zum Körper. Falls es Ihnen kalt ist, decken Sie sich zu. Beobachten Sie für einen Moment Ihren Atem. Lassen Sie Ihr ganzes Bewusstsein Ihrem Atem folgen und dann sagen Sie: *„Ich liebe mich bedingungslos.“* Spüren Sie, was dieser Satz in Ihnen bewirkt? Wo es in Ihrem Körper klemmt oder eng wird? Schicken Sie an diese Stellen mithilfe Ihres Atems Liebesenergie. Dann sagen Sie erneut: *„Ich liebe mich bedingungslos.“* Spüren Sie wieder nach. Das Ganze machen Sie so lange, bis der Satz durch Ihren ganzen Körper ohne Blockade fließt. Achten Sie dabei, ob Sie sich leicht, weit und frei fühlen und von Ihrer eigenen Liebe erfüllt sind.

Machen Sie es ab jetzt einfach. Erlauben oder entscheiden Sie sich dafür, sich selbst zu lieben und wertzuschätzen für alles, was ist und war!

Beobachten Sie kleinere Kinder. Diese besitzen noch diesen ursprünglichen Zustand und wir Erwachsenen bringen sie durch unsere Gedankenkonzepte, die wir unbedacht formulieren, davon weg. Sie können wieder sein wie ein Kind und in sich selbst ruhen. Fangen Sie damit an. Lassen Sie die Zwangskontrolle über Ihren Körper los. Lassen Sie Ihre Meinung und alle Gedankenkonstrukte, die damit in Zusammenhang stehen, los. Sie sind der Mittelpunkt Ihres Lebens, Ihr bester Gefährte, Ihr bester Freund und Ihr größter Geliebter. Sie lieben sich viel mehr als Sie es für möglich halten. Sonst hätten Sie sich nämlich nicht als Mensch in einem Körper auf diesem Erdenweg verwirklicht. Selbst wenn Sie jetzt noch mit dem Kopf schütteln, weil Sie nicht glauben können, freiwillig hier zu sein, spüren Sie doch die Wahrheit hinter den Worten. Hören Sie mit Ihrem Herzen hin.

Affirmation:
Ich bin göttlich und damit in jedem Moment meines Seins vollkommen. Genau so, wie ich jetzt bin.

Ich gebe Ihnen einen gut gemeinten Tipp: Lassen Sie die Hände von Diäten. Diäten sind Kontrollenergien, bei denen es um Macht geht. Sie spielen ein Kontroll- und Machtspiel mit Ihrem besten Freund, Ihrem Körper. Tun Sie dies bitte nicht. Lassen Sie sich einfach nur sein und nehmen Sie von nun an lieber Rücksicht auf Ihren Freund, den Körper.

Gehen Sie in sich, um festzustellen, was er gerade braucht oder wonach er sich sehnt, damit Sie die Energie des Essens nicht länger missbrauchen müssen. Stellen Sie eine tiefe Verbindung zu Ihrem Selbst und zu Ihrer Seele her, um besser auf Ihre Bedürfnisse hören zu können, damit Sie sich nicht mehr kritisieren müssen. Sie sind, wie Sie sind, und wissen nicht, warum Ihr Körper sich momentan so ausdrückt, wie er es tut. Betrachten Sie all die Ängste, die im Zusammenhang mit Ihrem Körper und Ihrem Gewicht hochkommen. Atmen und fühlen Sie diese. Ich weiß, Sie können das!

24. Mit sich einverstanden sein

Die größte Kraft, die Sie in Ihr Leben einladen können, ist, mit sich einverstanden zu sein. Mit sich, der Welt, Ihren Mitmenschen, Ihrem Partner, Ihren Kindern, Ihrer Arbeit, Ihren Chefs – einfach mit allem, was Sie sind und Sie umgibt.

Es ist wirklich wunderbar, wenn Sie sich jetzt lieben, doch nutzen Sie zusätzlich die Kraft des Einverstandenseins. Seien Sie mit sich und allen Dingen in Ihrem Leben einverstanden. Damit geben Sie Widerstände auf und boykottieren Ihr Glück nicht länger. Sie verbinden sich auf eine ganz natürliche Weise mit dem göttlichen Fluss und damit ziehen Sie alles, was Sie wirklich wollen, in Ihr Leben. Solange Sie im Widerstand leben, also Ihr Leben, Menschen, Dinge etc. festhalten, fließen Sie nicht. Das Leben besteht aus Entwicklung, was Veränderung bedeutet. Es ist ganz einfach. Atmen und spüren Sie sich. Ja, jetzt, so wie Sie gerade sitzen oder liegen. Nehmen Sie sich wahr und fühlen Sie in sich und Ihr Leben hinein. Fühlen Sie, mit was Sie einverstanden sein können, und bemerken so, wo noch Widerstände in Ihnen liegen. Sie werden überrascht sein, das verspreche ich Ihnen.

Wenn Sie Widerstand entdecken, dann freuen Sie sich. Es geht hier nicht um Kampf oder Kämpfen. Nein, es geht wirklich um Freude. Freuen Sie sich, darüber Ihre Widerstände jetzt wahrnehmen zu können. Nun nehmen Sie sich selbst so wie Ihre Widerstände in die Arme. Fühlen Sie alle Emotionen, die damit im Zusammenhang stehen und freuen Sie sich über sich selbst. Sie haben eine große Macht für sich entdeckt, nämlich das Einverstandensein. Selbst mit Ihren Widerständen.

So erreichen Sie eine Versöhnung mit sich selbst und können sich, andere Menschen, Umstände in Ihrem Leben und alles, was ist, so nehmen, wie es ist. Spüren Sie in sich hinein. Spüren Sie diese große Kraft, es ist einfacher, als Sie glauben. Probieren Sie es aus – Sie haben die Wahl! Sagen Sie zu allem, was ist und wie es gerade ist: *„Ja, ich nehme es an."* Sie verspüren eine Erleichterung in Ihrem Leben und der Widerstand weicht immer mehr. Gehen Sie den einfachen Weg. Hören Sie auf, sich Ihr Leben schwer zu machen.

Mit sich einverstanden zu sein ist ein einfacher und natürlicher Weg, der Sie zur Annahme von allem und jedem und damit zum Loslassen bringt – und so geben Sie Ihre Art, die Dinge zu kontrollieren, immer mehr frei und bewegen diese zurück in den Fluss und in das Fließen. Leben bedeutet Entwicklung und

Entwicklung bedeutet Veränderung. Fürchten Sie sich weder vor Ihrer Entwicklung noch vor Veränderung. Seien Sie mit den fließenden Veränderungen einverstanden, um immer in Ihrem Potenzial und in Ihrer Freude leben zu können.

Ja, so einfach ist das. Nehmen Sie einen tiefen Atemzug und beginnen Sie sofort, damit einverstanden zu sein – besonders mit sich!

Sagen Sie auch „Ja" zu all Ihren Ängsten, Sorgen, Nöten, zu all dem Leid und den Krankheiten in Ihrem Leben. Zu allem, was Sie an sich, Ihrem Körper und in Ihrem Leben ablehnen. Integrieren Sie es von nun an wieder. Betrachten Sie alles mit Liebe, so wie eine Mutter Ihre Kinder liebt. Stehen Sie voll und ganz zu sich, ebenso zu Ihren „negativen" Gedanken und Gefühlen wie Neid, Zorn, Wut und Eifersucht. Auch das sind Sie, diese wollen genauso von Ihnen geliebt werden.

Beenden Sie die Unterdrückung dieser Gefühle und nehmen diese wieder an und trauen Sie sich auch einmal, böse und schlecht zu sein oder zu denken. Die Welt wird nicht untergehen, versprochen. Sie entdecken und nehmen sich einfach nur selbst wieder an. Fühlen Sie all diese sogenannten „negativen" Gefühle. All das macht Ihre Persönlichkeit aus. Sie selbst, die ganze Spanne. Begrenzen Sie es nicht nur auf das scheinbar Gute. Wir sind alle eins.

Schämen Sie sich dessen nicht länger und hören Sie auf, sich dafür schuldig zu fühlen. Seien Sie einverstanden mit all diesen Gedanken und Gefühlen. Auch diese sind ein Teil von uns. So werden Sie wieder zu einer Einheit und sind wirklich mit sich einverstanden und lieben sich gänzlich. Es gehört zu Ihnen so wie Ihr Lachen, Ihre Augen, Ihre Hände. Alles an und in Ihnen will geliebt werden, einfach so, wie es im Augenblick ist. Also lieben Sie sich und leben sie jetzt. Kosten Sie Ihr ganzes Leben in vollen Zügen aus, mit allen Höhen und Tiefen, ebenso mit seiner unendlichen vollkommenen Schönheit. Die Liebe ist immer da, sie ist niemals müde, präsent zu sein. Trauen und fühlen Sie Ihre Liebe und Ihr Vertrauen zu sich selbst.

Übung:

Gehen Sie an einem Morgen oder Mittag alleine in ein Café und trinken Sie ein Glas Sekt nur auf sich selbst. Auf Ihre Einzigartigkeit, Ihre Schönheit, all Ihre Ängste und Schwächen und genießen Sie diesen Moment richtig. Das Atmen dabei nicht vergessen!

25. Miese Gefühle

Wenn Sie Ängste oder miese Gefühle quälen, dann benutzen Sie bitte Ihren Freund, den Verstand. Wenn Sie zum Beispiel die Angst vor Krankheit quält, dann prüfen Sie, ob wirklich Grund zur Angst besteht. Wie ist Ihre aktuelle Situation? Wenn Sie feststellen, sich nur zu quälen, dann fragen Sie sich: *„Welches Bedürfnis überdecke ich mit meiner Angst vor Krankheit?"* Die gleiche Vorgehensweise führen Sie mit allen Ängsten durch, die Sie quälen.

Beliebt sind für dieses Seelenqualspiel Ängste vor dem Altwerden, Angst zu verarmen, Angst zu vereinsamen, Angst, kein Geld und keinen Erfolg mehr zu haben, Angst, viel zu dick zu sein, Angst, nirgendwo mehr dazuzugehören etc.

Nehmen Sie wirklich jede Angst, die hochkommt und Ihnen

miese Gefühle verursacht, und betrachten Sie diese völlig neutral. Fragen Sie sich: *„Muss ich momentan wirklich Angst davor haben?"* Prüfen Sie Ihre Situation und wenn Sie feststellen, keinen Anlass für diese Angst zu haben, dann nehmen Sie diesen Angstteil in Ihre Arme, wie ein verlorenes Kind und sagen Sie ihm: „Das es jetzt gut ist", damit die Angst gehen kann. Loslassen funktioniert ausschließlich über Annehmen.

Sie fragen sich jetzt: „Warum quäle ich mich?" Ganz einfach. Sie sind es so gewohnt, sich in Ihren Ängsten und Dramen zu verstricken. Dadurch sind Sie mit sich beschäftigt und müssen sich nicht mit Ihrem Innersten auseinandersetzen, mit Ihren Gefühlen, Ihren Wünschen, Ihren Träumen. Sie bedecken sich sozusagen selbst unter diesem Müllberg der miesen Gefühle und wundern sich, dass Sie sich selbst so wenig spüren und so wenig Freude in Ihrem Leben haben.

Also ab jetzt, immer wenn Sie miese Gefühle wahrnehmen, schauen Sie genau hin, verdrängen Sie diese nicht mehr und entscheiden Sie, ob diese ab jetzt noch zu Ihnen gehören. Sie können das, ich weiß es. Alles wird einfacher für Sie, je öfter Sie dies anwenden. Benutzen Sie Ihren Verstand, um zu Ihrem Herzen zu gelangen. Ich begleite Sie dabei und bitte, nicht vergessen, tief zu atmen.

26. Authentizität

Sind Sie authentisch? Handeln Sie aus Ihrem Innersten heraus? Sind Sie immer mit sich selbst tief verbunden? Vertrauen Sie Ihren Wünschen und Wahrnehmungen?

Oder sind Sie authentisch aus dem Wunsch heraus, Recht haben zu wollen? Weil Sie so sein müssen, wie Sie sind? Oder weil Sie denken, die Welt, also das Außen, erwartet das alles so von Ihnen, weil es besser ankommt? Wollen Sie andere beeindrucken durch das, was Sie tun oder sagen? Oder wollen Sie einfach nur aus Ihrem Innersten heraus handeln und leben? Hat es Bedeutung für Sie, was andere über Sie denken? Oder hat es ganz alleine für sie eine Bedeutung, was Sie über sich selbst sagen?

Authentisch sein bedeutet,
— vollkommen in jedem Augenblick aus sich heraus mit sich selbst ehrlich und wahrhaftig zu sein,
— vollkommenes Vertrauen in sich selbst und in die eigenen Wahrnehmungen und Wünsche zu zeigen,
— sich selbst treu zu sein und alle Dinge in Ihrem Leben für sich selbst zu tun,
— nur Sie selbst zu sein, nicht mehr und nicht weniger.

Ja, ich weiß, es ist für Sie vielleicht wirklich schwer, diese Worte anzunehmen: Tun Sie es trotzdem für sich selbst. Seit Ihrer Jugend wurde Ihnen immer gesagt, dass Sie nur ein guter Junge oder ein gutes Mädchen sind, wenn Sie es nicht für sich selbst tun. Doch authentisch sein heißt nur, dass Sie es tun, weil Sie es für richtig und angemessen halten.

Ich frage Sie also: Wann werden Sie das großartige göttliche Wesen sein, das Sie sind? Wann werden Sie der oder die sein, der oder die Sie wirklich sind? Wann werden Sie Ihre Wahrheit leben und diese nicht mehr in Büchern oder großen Meistern suchen? Wann werden Sie erkennen, dass Sie so, wie Sie sind, in diesem Körper, mit diesem Gewicht, mit diesen Haaren, mit diesem Job, mit dieser Familie einfach großartig sind? Beginnen Sie jetzt: Leben Sie Ihre Wahrheit, wie immer diese aussieht.

Bevor Sie jetzt etwas sagen oder handeln, prüfen Sie, ob es das ist, was Sie tief aus Ihrem Innersten heraus sagen oder tun wollen. Oder schweigen Sie lieber oder tun nichts, wenn Sie feststellen, dass Sie manche Dinge gar nicht wirklich tun wollen?

Wie authentisch sind Sie? Wie authentisch sind Ihre Gefühle auch Ihren Mitmenschen gegenüber? Wie „echt" sind Sie in Ihrer Welt? Tragen Sie immer noch Masken und Schleier? Verleugnen Sie Ihre tatsächlichen Motive und Wahrheiten?

Selbstverständlich können Sie jetzt anführen, sich anpassen zu müssen, wegen Ihres Berufs, oder weil Sie das Geld benötigen, weil Sie wegen der Kinder bei Ihrem Partner bleiben müssen etc. Doch die Frage, die hier im Raum steht, ist doch eigentlich die: *„Was wollen Sie wirklich? Was hindert Sie daran, einfach nur Sie selbst zu sein?"* Angst?

Ganz ehrlich, Angst ist kein guter Ratgeber. Ich sage jetzt nicht, Sie müssen ab jetzt sofort authentisch leben, handeln und sprechen. Ich bitte Sie an dieser Stelle, zumindest tief in Ihrem Inneren, die Wahrnehmung zu sich selbst herzustellen. Damit Sie ab jetzt Ihre innere Wahrheit erkennen und diese nicht mehr so tief in Ihnen verbergen, wodurch Sie weiterhin auf der Suche nach sich selbst sind.

Ich verurteile hier kein Handeln aus Angst – im Gegenteil. Wir sind alle menschlich. Ich bitte Sie nur, zukünftig wahrzunehmen, ob Sie authentisch sind oder ob Sie Dinge aus Angst sagen oder tun. Falls Sie dies hin und wieder tun, ist es vollkommen in Ordnung. Alles beginnt mit der Wahrnehmung. Je mehr Sie sich spüren und wahrnehmen, einfach nur ein „*Ja*" zu sich und zu Ihrer Situation und auch zu Ihren Taten sprechen, desto mehr sind Sie einverstanden mit sich selbst, Ihrem Leben. Sie sind dabei, sich über alle Maßen zu lieben. Das stellt das Ende des Vergleichens und Bewertens dar. Das bedeutet das Ende Ihrer Suche, denn dann haben Sie sich jetzt auf eine ganz wunderbare persönliche Weise gefunden – in sich selbst. Sie sind schon immer da gewesen, oft nur tief vergraben und verborgen und kommen dadurch wieder selbst ans Licht. Es ist sehr schön, dass Sie jetzt (wieder) da sind. Ich heiße Sie willkommen. Fühlen Sie sich auf eine sehr nahe und liebevolle Art von mir umarmt.

Ein mehr als grundlegender Schritt für Ihr Wohlgefühl und Ihr Leben ist: Seien Sie einfach nur Sie selbst – ganz egal, wie Sie sein sollten oder sein müssten.

Werfen Sie diese ganzen vorgegebenen Konzepte über den Haufen. Seien Sie einfach nur Sie selbst und leben Sie, lieben Sie sich und feiern Sie endlich Ihre Party und Ihr Leben. Sie haben es sich verdient. Sie sind etwas Besonderes. Fangen Sie an, dies für Ihre Wahrheit zu halten und zeigen Sie sich der Welt so, wie Sie tatsächlich sind, damit die Welt sich Ihnen zeigen kann. Sie werden Berührungen auf eine nie geahnte Art und Weise erfahren. Vertrauen Sie sich – und beginnen Sie jetzt!

Ganz egal, wie Sie in Ihrem Selbst sind, egal ob glücklich oder unglücklich – seien Sie es mit Leidenschaft und tiefer Freude im Herzen! Seien Sie nicht Sie selbst, nur um scheinbar glücklicher zu sein. Seien Sie einfach nur Sie selbst, um Sie selbst zu sein mit all Ihren Aspekten bzw. Anteilen. Nicht mehr und nicht weniger! Lassen Sie sich von sich selbst und Ihrer Leidenschaft erfüllen. Das ist Leben!

27. Lebendigsein versus Beschäftigtsein

Unsere Zeit ist gekennzeichnet vom Beschäftigtsein. Wenn wir aufmerksam Gesprächen folgen, hören wir stets, wie wenig Zeit die Menschen besitzen. Sie sind beschäftigt. Viele drehen sich wie ein Hamster im Rad. Haben Sie schon einmal einen Hamster im Rad beobachtet? Wenn dieser schneller läuft, dann dreht sich das Rad ebenfalls schneller. Wir sind also soooo beschäftigt mit unserem Alltag, mit den Kindern, mit den Freunden, mit der Arbeit, mit dem Chef, mit der Familie, mit dem Garten und was auch noch immer, dass wir gar nicht mehr dazu kommen, einfach nur lebendig zu sein.

Mal ehrlich: Ist nicht Beschäftigtsein etwas, das in unserer Gesellschaft großen Applaus bekommt? Wer wurde schon einmal gelobt, weil er ganz viel Zeit für sich hat und diese auch ausgedehnt genießt?

Sogar unsere knapp bemessene Freizeit wird doch zum Stressfaktor, weil auch hier alles voller Termine und Verpflichtungen ist.

Warum tun wir das? Hand aufs Herz! Beschäftigtsein lenkt wunderbar von uns selbst ab. Von all dem, was da in uns ist, was wir fühlen, befürchten und was wir uns nicht trauen zu leben. Beschäftigtsein bringt uns immer weiter weg von uns selbst und hin zum Hamsterrad, das sich in immer schnellerer Geschwindigkeit dreht. Wir verlieren die Verbindung zu uns selbst und damit zu unserem Bewusstsein.

Doch tief in unserem Herzen haben wir alle den Wunsch, lebendig zu sein. Was sind jedoch lebendige Menschen? Was macht Sie aus? Lebendige Menschen sind nicht diejenigen, die laut sind und am meisten auffallen. Lebendigkeit ist einfach, alles zu fühlen und zu zeigen, was in uns ist. Dazu gehören nicht nur Freude und Glück, sondern auch Angst und Schmerz. Alles darf sein, weil wir sind. Lebendigsein heißt, den Moment und nur diesen zu leben. Alles andere haben wir nicht: Die Vergangenheit liegt hinter uns und die Zukunft ist noch eine Illusion. Also leben Sie den Moment. Analysieren oder bewerten Sie nicht, sondern leben Sie ihn. Ja, genau diesen Moment. Mit all den Aspekten Ihres Seins.

Durch unser Beschäftigtsein vermeiden wir das Lebendigsein. Ja, vielleicht klingt das für Sie im Moment noch hart, doch fühlen Sie in sich hinein. Sind Sie während Ihrer Beschäftigung wirklich lebendig? Wenn Sie immer beschäftigt sind, kommen dann kreative und einfache Lösungen zu Ihnen? Existiert überhaupt Platz in Ihrem Geist, um solche Ansätze wahrzunehmen? Wenn Sie beschäftigt sind, spüren Sie dann überhaupt Ihre Bedürfnisse und Ihr Herz? Wenn Sie ständig beschäftigt sind, selbst nur mit Ihren Gedanken, lässt Sie das Ihre Leidenschaft im Leben spüren? Können Sie in solchen Momenten Ihre Leidenschaften ausdrücken?

Übung:
Legen oder setzen Sie sich bequem hin und atmen Sie zehn ganz tiefe Atemzüge nach unten in Ihren Bauch. Konzentrieren Sie sich völlig auf die Atmung. Atmen Sie ruhig, intensiv und bitte auch laut. Dann spannen Sie ganz bewusst alle Ihre Muskeln gleichzeitig an: die Füße, die Waden, die Oberschenkel, den Po, den Beckenboden, die Bauchmuskeln, die Arme und Hände, das Gesicht, den Kiefer, die Augen und die Kopfhaut. Nehmen Sie noch einmal einen ganz tiefen Atemzug und lassen dann wieder alle Muskeln los. Lassen Sie diese dann drei Atemzüge lang entspannen und wiederholen Sie die Anspannungs- und Entspannungsübung erneut. Wenn Sie ganz entspannt dasitzen oder liegen, dann fühlen und

visualisieren Sie in sich eine Mauer oder eine Trennwand. Fühlen Sie sich richtig hinein in diese Wand. Was ist hinter dieser Wand? Was trennen Sie dadurch von sich ab? Spüren Sie ganz tief in sich hinein. Auch wenn es unangenehm wird, bitte immer weiter atmen. Jetzt entscheiden Sie sich, diese Trennwand einzureißen, zu sprengen oder klein werden zu lassen. All die Gefühle, die hinter dieser Trennwand liegen, nehmen Sie wieder an und fühlen diese. Egal, ob Schmerz oder Trauer. Sie finden sich so selbst wieder und kommen vom Beschäftigtsein zum Lebendigsein. Es ist nur ein kleiner Schritt. Gehen Sie ihn. Es lohnt sich auf jeden Fall für Sie.

Wiederholen Sie diese Übung so oft wie möglich, damit Ihr Körper- und Energiesystem die Veränderung tief bis in die kleinste Zelle speichert. Wenn Sie im Zustand von Sein oder Leere sind, laden Sie doch einfache Lösungen für Situationen in Ihrem Leben ein und gehen Sie dann in den einverstanden Modus (siehe Kapitel 24). Beobachten Sie, was in Ihrem Leben geschieht. Kontrollieren Sie nicht, fließen Sie und werden Sie so zu dem/der, der/die Sie sind und im Prinzip schon immer waren.

28. Verloren gehen

Sie waren und sind niemals verloren gewesen. Sie haben auch niemals wirklich damit aufgehört, sich zu lieben. Sie verließen nur über Ihre Gedanken, Gefühle und auch über Ihr Beschäftigtsein sich selbst. Sie waren so mit Ihrem Außen beschäftigt, dass Sie keinerlei Fokus mehr auf Ihr Innen hatten. Sie vergaßen Ihr Bewusstsein für Ihre Selbstliebe. Mehr ist nicht passiert. Ihre Selbstliebe war immer da, auch wenn

Sie diese noch so tief verborgen haben. Nun liegt es an Ihnen, sich wieder jeden Tag daran zu erinnern. Wirklich jeden Tag. Erinnern Sie sich erneut an sich selbst. Leben Sie, spüren Sie sich, fühlen Sie in sich hinein, werden Sie lebendig, atmen Sie und seien Sie einfach nur einverstanden. Dadurch erinnern Sie sich mit der Zeit immer wieder selbst an sich, Ihre Bedürfnisse und damit auch an Ihre Liebe und Ihr großes Potenzial.

Sie fragen sich jetzt vielleicht, wie es nur sein konnte, sich selbst vergessen zu haben? Die Antwort ist einfach: über die Disharmonie in Ihnen. Über Ihr vergessenes Bewusstsein konnten Sie auf die Suche gehen. Somit gelangten Sie in die Rastlosigkeit, in die Unzufriedenheit, damit Sie ganz viel über sich, Ihr Leben und jetzt mit diesem Buch auch über Ihre Seele und Ihren Geist lernen konnten. Bis zu diesem aktuellen Punkt, an dem Sie vom Suchmodus in den angekommen Modus wechseln können, da Sie sich Schritt für Schritt angenommen, geliebt und gehört fühlen – aber nicht von der Außenwelt. Sie wissen es bereits: von sich selbst. Alles beginnt in und mit Ihnen. Sie sind der Mittelpunkt Ihrer Welt. Also lieben Sie sich und genießen Sie Ihr Leben und all Ihre Gefühle, Ihren Tag, Ihre Erfahrungen, sogar Ihren Kummer. Es ist alles ein Geschenk von Ihnen an sich. Sie sind ein wunderbarer Schöpfer mit viel Potenzial. Trauen Sie sich zu leben und vergessen Sie nicht, sich selbst zu feiern!

Übung:
Nehmen Sie sich etwas zu schreiben und formulieren Sie:
- Wie Sie sich im Moment wirklich fühlen?
- Wie Sie sich in Ihrem Leben und Alltag fühlen wollen?
- Was Sie ab jetzt über sich selbst glauben wollen?
- Was sind Ihre Leidenschaften (Dinge, die Ihnen wirklich Spaß machen, die Sie gerne tun und die Ihnen leicht fallen)?

– Was wollen Sie wirklich?
– Wie wollen Sie wirklich leben?

Vergleichen Sie die Ergebnisse dieser Übung mit Ihren For-
mulierungen aus Kapitel 2.

29. Wenn es mal nicht so klappt,

was dann?

Nicht den Kopf hängen lassen. Weitermachen. Nichts ist
perfekt und manches klappt nicht immer auf Anhieb. Denken
Sie zurück, wie es war, als Sie laufen lernten. Beobachten Sie
ein Kind, das gerade dabei ist, Laufen zu lernen. Wie oft es
hinfällt, wie oft es sich weh tut. Und trotz allem nicht frustriert
aufhört, sondern tapfer mit Freude und Ansporn immer weiter versucht und übt – selbst, wenn wir Erwachsenen lachen.
Das Kind lässt sich nicht aufhalten.

Werden Sie in dieser Beziehung wieder zu einem Kind. Lassen Sie sich von keinem Fehlschlag und keiner Hürde aufhalten. Weinen Sie, jammern Sie, schreien Sie, doch gehen Sie
weiter. Wenn Sie sich klein und als Opfer fühlen, dann genießen Sie auch bewusst diesen Moment. Ja, das ist natürlich,
das gehört auch zu Ihnen. Wie die Ebbe zur Flut gehört. Also,
tun Sie es, genießen Sie diese Tiefen. Sie werden sehen, es
hat eine ganz andere Qualität, wenn Sie diese Gefühle genießen. Sie werden feststellen, dass es dann auch mal wieder
gut ist und Sie einfach aufstehen und weitermachen können.

Suchen Sie sich einen Menschen, der solche Momente

mit Ihnen teilt. Mit dem Sie schonungslos offen sein können. Verstecken Sie sich nicht mehr hinter Masken und Floskeln. Seien Sie, wie Sie sind. Sie sind wunderbar.

Besonders ans Herz lege ich Ihnen auch in solchen Phasen immer wieder, in die Natur zu gehen. Betrachten Sie die Bäume, den Himmel, die Erde, die Vögel. Nehmen Sie den Geruch in der Luft bewusst wahr. Ebenso die Farben der Natur, die Schönheit, die Sie selbstverständlich umgibt, und seien Sie einfach nur Sie selbst. Gehen Sie langsam, mit Bedacht und nehmen Sie sich Zeit für sich. Das ist ein wunderbarer Weg, mit sich selbst immer wieder ins Gleichgewicht zu gelangen und gleichzeitig die inneren Batterien aufzufüllen. Beschäftigen Sie sich nicht mit Ihren Gedanken, sondern nehmen Sie bewusst die Natur und alles, was Sie umgibt, wahr.

So wie die Natur lebt der Mensch in Zyklen. Daher ist es ganz normal und auch immer wieder wichtig, dass etwas nicht klappt. Nur so können wir wahrnehmen, was sich bereits alles in uns verändert hat. Vertrauen Sie sich hier selbst, denn Sie können jederzeit wieder zurück in Ihre Balance – zurück zu Ihrer Selbstliebe. Diese ist jetzt für immer in Ihnen gespeichert.

Mich ermutigt es in Krisensituation immer wieder das Gedicht „Enthüllt" von Helene Wirth zu lesen. Es berührt mich heute noch ganz tief im Herzen.

„Nackt und ohne Hüllen stehe ich jetzt hier,
fühl ich mich auch verletzlich, ich zeig mich ohne Zier.

Ich lass die Schleier fallen und zeig mich, wie ich bin,
mit Stärken und mit Schwächen, ich bin so, wie ich bin.

Jetzt kann ich zu mir stehen, bin ich auch nicht perfekt,
das ist es, was mich ausmacht, was mich lockt,
aus dem Versteck.

Ich bin so, wie ich bin, nicht gut und auch nicht schlecht,
und wenn mich jemand nicht mag – verzeiht –
man macht's nie jedem recht."

Sprechen Sie dann ein „Ja" zu der Situation, die gerade in Ihnen und in Ihrem Leben ist. Egal, was es ist, und egal, wie es ist. Sagen Sie erst einmal laut und deutlich „Ja" zu sich.

Wenn es Ihnen schwer fällt, atmen Sie tief durch und lächeln Sie sich an. Das wirkt Wunder – versprochen!

Eine Übung möchte ich Ihnen hier noch besonders ans Herz legen, die auch alte Programmierungen in Ihnen überlagert, durch stärkere, für Sie dienlichere Programme.

Durch diese Übung, wie übrigens durch alle anderen auch, die in diesem Buch beschrieben sind, verändert sich Ihr Energiefeld, Ihre Schwingungen, wenn Sie so wollen. Alles, was Ihnen dann begegnet, ist das universelle Resonanzprinzip. Merken Sie sich dieses und seien Sie ab jetzt nicht mehr grundsätzlich dagegen, denn so ziehen Sie das, gegen das Sie sind, in Ihr Leben. Entscheiden Sie sich ab jetzt, dafür zu sein!

Also, wenn Sie Frieden wollen, dann hören Sie auf, gegen den Krieg zu sein, sonst finden Sie in Ihrem Leben immer wieder Plätze, an denen Krieg herrscht. Seien Sie für den Frieden. Lieben Sie ihn und leben Sie ihn.

Wenn Sie sich konfus fühlen oder einfach nicht wissen, was Sie gerade tun sollen, vor einer Entscheidung stehen oder,

oder, oder, nehmen Sie sich einen Moment Zeit und führen die folgende Übung durch.

Übung:
Suchen Sie in sich ein tiefes Gefühl, das sich gut anfühlt. Etwas, das wundervoll für Sie ist. Vielleicht am Strand in der Sonne stehen oder in den Bergen. Etwas, das ein wunderbares, angenehmes, friedliches und sicheres Gefühl in Ihnen hervorruft. Lassen Sie dieses Gefühl immer größer und größer werden, indem Sie tief in die Situation hinein tauchen. Lassen Sie sich fallen. Gehen Sie in das Fühlen. Atmen Sie dabei tief! Wenn Sie diese Gefühle richtig wahrnehmen, dann denken Sie noch einmal an Ihre Situation oder an die Entscheidung, die ansteht – einfach nur aus diesem guten Gefühl heraus. Verlassen Sie dabei nicht Ihre guten Emotionen. Bleiben Sie in Ihrem freudigen Glücksgefühl. Sehen Sie sich jetzt die Situation oder die Entscheidung als etwas an, das auch Spaß machen kann, oder als etwas, das Sie ausprobieren könnten. Betrachten Sie es als eine positive Herausforderung. Nun treffen Sie eine Entscheidung, was Sie jetzt tun möchten. Sie entscheiden, wie Ihr Weg aussehen soll.

Da Sie von Ihrem Besten ausgehen, von Ihrem positiven Grundgefühl, und nicht länger aus der Verzweiflung und dem Opfersein heraus entscheiden, finden Sie eine Antwort aus Ihrer inneren kraftvollen Stärke und lassen Ihre Gedanken im positiven Sinne frei. Sie sind dann wie ein Magnet für das, was Sie in Ihrem Leben haben wollen.

Ein Hinweis am Rande:
Beachten Sie in Ihrem Leben, dass Sie keine Entscheidungen für fünf, zehn oder mehr Jahre treffen müssen. Sie entscheiden sich jetzt, und wenn sich die Situation ändert, dann

entscheiden Sie sich neu. Das ist Ihr Geburtsrecht, das Ihr Leben angenehmer und freier macht. Das ist es doch, was Sie sich wünschen!

Alles, was Ihnen begegnet, ist gleichwertig und ein Teil von Ihnen. Alles will akzeptiert, angenommen und geliebt werden, ebenso wie Sie. Also handeln Sie danach. Sagen Sie nicht mehr sofort „Nein" oder „Ja, aber ...". Versuchen Sie es. Es ist ein Prozess. Sie werden noch oft an mich denken.

Was ich Ihnen auch noch an Ihr Herz legen möchte, ist Gleichgültigkeit.

Glückgültigkeit hat eine große Kraft. Es macht Dinge, Menschen und Ereignisse gleichwertig. Wenn Ihnen Menschen, Dinge und Ereignisse gleichgültig sind, dann verlieren diese auch die Macht über Sie. Es ist dann einfach gleich und gültig. Es muss nichts in Ihrem Innersten bewegen, wenn Sie ein anderer anschreit. Das hat in den meisten Fällen mit dem Menschen zu tun, der schreit. Sie sind in diesem Moment nur der Filter und Spiegel für diesen Menschen. Statt sich jetzt wieder in das alte Muster der Selbstvorwürfe zu begeben und sich zu hassen, sich kleinzumachen und am liebsten unsichtbar zu werden, gehen Sie in eine gesunde Gleichgültigkeit. Verlassen Sie z. B. einfach den Raum. Sie haben das Recht dazu. Sie müssen nicht bei jemandem bleiben, der Sie nicht schätzt, um sachlich und ruhig mit Ihnen zu sprechen. Selbst wenn derjenige oder diejenige Ihr Chef oder Partner ist.

Genauso können Sie sich verhalten, wenn Ihnen z. B. jemand begegnet, der schimpft. Es hat ebenfalls nichts mit Ihnen zu tun und Sie bestimmen, ob Sie es anhören wollen oder nicht.

Hören Sie gut zu, ob das, was der andere gerade tut oder sagt, Ihnen einen Aspekt Ihres Selbst spiegelt, also Sie z. B. Wut empfinden und diese nicht herauslassen, oder ob der andere ein Ventil benötigt. Hören Sie den Worten zu, doch machen sich dabei klar, dass es nichts mit Ihnen und Ihrem Innersten zu tun hat. Bleiben Sie bei sich und Ihrer Stärke. Nehmen Sie wahr, was den anderen treibt und was sein wahres Motiv ist.

Es ist nicht notwendig, ständig unter Spannung und Stress zu sein. Bleiben Sie gelassen. Bleiben Sie gleichgültig. Gleichgültigkeit trägt die Kraft in sich, die diese Dinge dann tatsächlich auch gleichgültig macht. Nicht egal sein lassen. Verstehen Sie mich bitte nicht falsch. Gleichgültigkeit bedeutet egal, was auch immer im Außen passiert, es erschüttert Sie in diesem Moment nicht, weil es Ihnen gleichgültig ist. Es hat mit Ihnen und mit Ihrem Wesenskern nichts zu tun. Nehmen Sie sich diese Macht heraus. Es steht Ihnen zu. Sie bestimmen ab jetzt selbst, was mit Ihnen und in Ihnen etwas macht und was nicht. Was auch immer passiert. Bleiben Sie bei sich und in Ihrer Selbstliebe! Glauben Sie, egal, was auch immer kommt, an diesen glücklichen Ausgang! Sie sind wundervoll.

Wenn es mal wieder sehr turbulent in Ihrem Leben wird, denken Sie daran, dass Sie sich auf einer Reise befinden – auf Ihrer Reise zu sich selbst. Auf diesem Weg kann es Turbulenzen geben! Genießen Sie auch diese, denn sie sind ein Zeichen Ihrer Reise und damit doch das, was Sie sich für den Augenblick wählten.

Ich wünsche Ihnen eine spannende und erfüllende Reise!

Schlusswort

Sich selbst zu lieben ist der Schlüssel für ein gesundes, erfülltes Leben, mit Kraft, in Demut und Glauben an sich selbst.

Es klingt zwar einfach, sich selbst zu lieben und so anzunehmen, wie man gerade jetzt ist, jedoch ist es für viele von uns Schwerstarbeit, die wir auf unserem Weg leisten.

Dieses Buch vermittelte Ihnen erste Schritte und Übungen, um zu der in Ihnen wohnenden Kraft zu gelangen. Es soll Ihnen helfen, diese in Ihren Alltag zu integrieren und immer wieder auszuschöpfen, um so die ganze Kraft Ihres Seins in Ihrem Leben zu ermöglichen.

Sie wissen mittlerweile wie durch Ihre Gefühle, Gedanken, Worte und Taten Impulse ins Universum geschickt werden, die als Manifestationen auf verschiedene Art und Weise zu Ihnen zurückkehren. Sie wissen somit um das universelle Gesetz von Ursache und Wirkung, sowie das Gesetz der Anziehung.

Außerdem verfügen Sie über einen freien Willen und tragen die alleinige Verantwortung für Ihr Leben und alles, was Sie betrifft. Es steht Ihnen frei, sich jederzeit anders zu entscheiden, müssen jedoch auch bereit sein, die daraus resultierenden Konsequenzen zu tragen.

Je mehr Sie sich dieser universellen Gesetzmäßigkeiten bewusst sind, um diese für Ihr Leben nutzen zu können, desto klarer erkennen Sie, niemals ein Opfer gewesen zu sein. Niemand außer Ihnen selbst verursacht irgendetwas in

Ihrem Leben. Finden Sie diese Erkenntnis nicht bedrohlich, sondern sehen Sie den Nutzen darin, dass Sie alles selbst in der Hand halten und niemandem ausgeliefert sind. Allerdings können Sie auch keinem anderen die Schuld für Ihr Leben geben.

Nutzen Sie dieses Wissen für sich. Entscheiden Sie sich für die Liebe zu sich selbst. Tun Sie es. Der Zeitpunkt ist genau richtig. Es gibt keinen besseren als jetzt. Atmen Sie tief durch und treffen Ihre Wahl.

Ziehen Sie aufgrund ihrer bewussten Lebensführung und dem liebevollen Umgang mit sich selbst Gesundheit, Erfolg, Liebe und Lebensqualität in Ihr Leben.

Egal, was noch alles in Ihrem Leben geschieht, wenn Sie sich selbst lieben und nach den universellen Gesetzmäßigkeiten richten, gibt es für Sie keine Schwierigkeiten, sich wechselnden Gegebenheiten anzupassen. Neue Entwicklungen unterstützen Ihr persönliches Wachstum. Gehen Sie erfolgreich durch alle Veränderungen – Sie schaffen das – ich weiß es.

Veränderung bedeutet Entwicklung. Entwickeln Sie sich weiter und fließen Sie mit dem Strom Ihres Lebens. Denken Sie daran. Genießen Sie den Fluss Ihres Lebens.

In dem Moment, wo Sie die Verantwortung für sich selbst übernehmen, was Sie gerade im Begriff sind zu tun, verstehen und fühlen Sie, was wahre Liebe bedeutet: Einfach nur die Liebe für sich selbst, Ihre Liebe für all Ihre Anteile bzw. Aspekte, die Liebe für all Ihre Gefühle und Gesichter, Ihre Liebe wirklich ganz zu sich.

Erst dann, wenn Sie diese Ebene der Liebe und des Mitgefühls kennen, beginnen Sie, die Liebe auch in allen anderen zu erkennen. Anstatt Urteile über sie zu fällen, anstatt ihr Leben verändern zu wollen, anstatt anderen Menschen gegenüber einen Widerstand zu empfinden, beginnen Sie, ihnen diese Liebe, dieses Mitgefühl und diese bedingungslose Annahme im gleichen Maße entgegenzubringen wie sich selbst.

Es ist sehr schön, Sie dabei ein Stück weit begleiten zu dürfen. Danke!
Sie haben sich ein wunderbares Leben verdient. Nehmen Sie sich jetzt an und leben Sie in Frieden und mit viel Freude – mit allen Hoch- und Tiefpunkten. Das ist Leben.
Ist es nicht wunderschön?

Mein Motto und damit jetzt auch Ihres ist: Solange Sie fühlen, sind Sie am Leben. Genießen Sie jede Emotion. Sie sind Ihre eigene Richtschnur. Das Leben gibt Ihnen jeden Tag Millionen Chancen – erkennen und nutzen Sie diese.

Es gibt nur das Hier und Jetzt! Die Zukunft ist noch nicht geschrieben und die Vergangenheit ist vorbei – deshalb gibt es auch nichts zu bereuen. Alles ist, wie es ist. Leben Sie stattdessen endlich und lieben Sie sich selbst! Leben und lieben Sie jeden neuen Tag – weil Leben anfangen bedeutet immer und immer wieder – in jedem Augenblick. So wird der Kontakt zu Ihrer inneren Stimme, Ihrer Intuition immer intensiver und Sie leben endlich so, wie Sie es verdienen. Es ist Ihr Leben – leben Sie es! Nutzen Sie dieses großartige Geschenk.

Ich bedanke mich, mit Ihnen meine Energie, mein Wissen, meine Liebe und meine Emotionen teilen zu dürfen. Denken

Sie stets an Ihr Wohlbefinden. Achten Sie gut darauf und lassen Sie es sich wirklich tief aus Ihrem Inneren heraus gutgehen. Fangen Sie immer bei sich selbst an und entdecken Sie all die Dinge, die in Ihnen sind, und erfahren Liebe, Gesundheit, Glück, Zufriedenheit, Wohlstand, Ausgeglichenheit, Lebenskraft und Klarheit. Nichts wird geschehen, solange Sie sich nicht selbst lieben. Mal ehrlich: Diese Reise ist doch gar nicht so schwer, oder? Es ist eine wunderbare Reise und denken Sie daran: Sie sind nie alleine.

Danksagung

Ich danke Eleonore und Brita für all die Wegmarkierungen, die sie mir gelegt haben. Ihr seid wunderbare Lehrer.

Ich danke Maike für all ihre Impulse. Ich danke Holger für seine Geduld, meinem Kind dafür, dass es mir die Lebendigkeit zurückbringt, und meinem Herzen, dass mich zu Ihnen geführt hat. Außerdem danke ich all meinen Schülern und Klienten, Ihr seid ebenso wertvolle Lehrer für mich.

Außerdem danke ich aus ganzem Herzen der geistigen Welt. Es ist sehr schön, diese Verbindung zu euch zu haben. Meine Familie liegt mir hier auch noch sehr am Herzen – auch wenn es nicht immer einfach war. Danke.

Seminare und Homepage

Informationen und Seminare zum Thema Selbstliebe, inneres Kind, Sexualmagie, Konfliktmanagement, Energiearbeiter, Angst, Channelling, Energiebalance, Heilungs- und Schlankheitstage, Klangmassagen, Ausbildungen im Wissen um die universelle Gesetzmäßigkeiten finden Sie auf meiner Homepage unter:

www.medialelebensberatung.de

Weitere interessante Bücher finden Sie unter:

www.siva-natara-verlag.de